1

漢字の読み 1

出る順 ランクA

合格 11／15　得点

◆次の——線の読みをひらがなで書きなさい。

□ 1 昨日は**絶好**の遠足びよりだった

□ 2 姉がセーターを**編**んでいる。

□ 3 雨がやんで試合は**再開**された。

□ 4 日本は**綿花**のほとんどを輸入している。

□ 5 読書をして心を**豊**かにする。

□ 6 係員が観客を会場に**導**く。

□ 7 天体望遠鏡で月を**観測**した。

□ 8 プールの水質を**検査**する。

□ 9 **独**り住まいの老人をたずねる。

□ 10 農業機械を使って生産の**能率**を上げる。

□ 11 夕食の後は本を読んで**過**ごす。

□ 12 人の話を聞く**態度**を身に付ける。

□ 13 火の**勢**いが弱まってきた。

□ 14 食中毒の**原因**を調べる。

□ 15 天高く馬**肥**ゆる秋

2 漢字の読み 2

出る順 ランク A

合格 11／15

得点

◆次の――線の読みをひらがなで書きなさい。

□ 1 太い木の**幹**から何本もの枝が出ている。

□ 2 母はひな祭りの**準備**でいそがしい。

□ 3 毎月こづかいの一部を**貯金**する。

□ 4 配られた**資料**を見ながら説明を聞いた。

□ 5 サッカーの試合で**反則**をとられた。

□ 6 リレーで力の**限**り走った。

□ 7 街頭で売り出しのちらしを**配布**している。

□ 8 うら山へ山菜を**採**りに行った。

□ 9 お金の**貸**し借りはやめよう。

□ 10 校庭の**雑草**をみんなで取った。

□ 11 大型の台風が本州に**接近**する。

□ 12 青空に**綿**のような雲がうかぶ。

□ 13 千年もの**伝統**ある祭りを見た。

□ 14 わたしたちの学校には百年の**歴史**がある。

□ 15 友達と輪になって**弁当**を食べる。

3 漢字の読み 3

出る順 ランク A

合格 11／15

得点

◆次の——線の読みをひらがなで書きなさい。

□ 1 学級委員の提案に賛成する。

□ 2 日なたと日かげの気温を比べる。

□ 3 父の研究が高く評価された。

□ 4 山開きして山小屋が営業を始める。

□ 5 自分の意見をはっきり述べる。

□ 6 バトンパスを失敗した自分を責める。

□ 7 輸入した原油を精製する。

□ 8 いつも清潔なハンカチを持っている。

□ 9 先生の注意を心に留める。

□ 10 弟は最近こん虫に興味を持っている。

□ 11 体を張ってボールを止めた。

□ 12 建築中のわが家を見に行く。

□ 13 旅費が三千円余った。

□ 14 姉は外国の大学で声楽を修めた。

□ 15 図かんで自動車の構造を調べる。

4 漢字の読み 4

出る順 ランクA

合格 11／15

得点

◆次の――線の読みをひらがなで書きなさい。

□ 1 松葉づえで体を**支**えながら歩く。

□ 2 水銀は常温で**液体**の金属である。

□ 3 お茶をガラスの**容器**に移す。

□ 4 数人の隊員を**率**いて冬山に登る。

□ 5 理科のテストは**易**しい問題が多かった。

□ 6 太陽エネルギーを**有効**に活用する。

□ 7 本堂に金色の**仏像**がならんでいる。

□ 8 電力のむだな**消費**を省こう。

□ 9 **災害**に強い町づくりを進める。

□ 10 はき**慣**れたくつで山歩きをする。

□ 11 サンマを保冷車で**輸送**する。

□ 12 **枝**にカキの実が一つ残っている。

□ 13 ブナの自然林を**保護**する。

□ 14 妹に小鳥の世話を**任**せる。

□ 15 サッカーの試合は**混戦**になった。

5 漢字の読み 5

出る順 ランク A

合格 11/15

得点

◆次の——線の読みをひらがなで書きなさい。

□ 1 大学生が**国際**交流に参加する。

□ 2 植木ばちをまどのそばに**移**す。

□ 3 うがいをしてかぜを**予防**する。

□ 4 山焼きの火が一面に**燃**え広がる。

□ 5 エアコンの温度を二十度に**設定**する。

□ 6 明日は夕方まで家に**居**る予定だ。

□ 7 詩を読んで**情景**を思いうかべる。

□ 8 アメリカに**留学**するために英語を学ぶ。

□ 9 ぼくの顔は父に**似**ていると言われる。

□ 10 学級新聞の**編集**に取り組む。

□ 11 相手のあやまちを**許**す広い心を持つ。

□ 12 発表会に**備**えて笛の練習をする。

□ 13 自転車のパンクを**修理**する。

□ 14 行き先を**確**かめてバスに乗った。

□ 15 このミカンは**酸味**が強い。

6 漢字の読み 6

出る順 ランクA

合格 11／15

得点

◆次の――線の読みをひらがなで書きなさい。

□ 1 **眼下**に白い雲が広がっている。

□ 2 こわい**夢**を見て夜中に目が覚めた。

□ 3 食品には賞味**期限**が示してある。

□ 4 家の電話に雑音が**混**じる。

□ 5 待ち合わせの約束を**破**ってしまった。

□ 6 川の流れに**逆**らって泳ぐ。

□ 7 国会で**総理**大臣が演説する。

□ 8 友人は**損得**を考えないで手伝ってくれた。

□ 9 人ごみで妹は**迷子**になった。

□ 10 祖父の命日に**墓参**りをした。

□ 11 水田のイネに**肥料**をやる。

□ 12 寒いので**厚着**をして外出する。

□ 13 工場に新しい機械が**導入**される。

□ 14 身の回りの**衛生**に気をつける。

□ 15 **罪**をにくんで人をにくまず

7 漢字の読み 7

出る順 ランクA

合格 11／15

得点

◆次の——線の読みをひらがなで書きなさい。

□ 1 新しい**校舎**の完成をみんなで祝う。

□ 2 どんな**職業**につきたいかを話し合った。

□ 3 **桜**は日本の国花といわれている。

□ 4 牧場では多くの牛が**飼**われている。

□ 5 昨夜の**暴風**で庭の木が折れた。

□ 6 やるべきことを**確実**に行う。

□ 7 家へ帰るとちゅうで書店に立ち**寄**る。

□ 8 最終回にホームランで**逆転**した。

□ 9 おばは生命**保険**に入っている。

□ 10 力を合わせて明るい学級を**築**く。

□ 11 兄が平泳ぎの**基本**を教えてくれた。

□ 12 駅の近くに新たに保育所を**設**ける。

□ 13 敵《てき》のシュートにすばやく**身構**えた。

□ 14 川に落ちた人が**救助**された。

□ 15 旅は道連れ世は**情**け

8 漢字の書き 1

出る順 ランクA

合格 11/15

得点

◆次の――線のカタカナを漢字に直しなさい。

□ 1 台風などの**サイガイ**に備える。

□ 2 夕焼けで西の空が**モ**えるように赤い。

□ 3 商品を売って**リエキ**を得る。

□ 4 学級図書を借りるときの**キソク**を作る。

□ 5 入場券《けん》を**シメ**して会場に入る。

□ 6 公園での野球は**キンシ**されている。

□ 7 祖父は農業を**イトナ**んでいる。

□ 8 こづかいの**ユウコウ**な使い方を考える。

□ 9 田植えの前に田を**タガヤ**す。

□ 10 平泳ぎで校内の記録を**ヤブ**った。

□ 11 種子が発芽する**ジョウケン**を調べる。

□ 12 大木の**ミキ**にかみなりが落ちた。

□ 13 ピアノの発表会に**ショウタイ**された。

□ 14 もらった子犬に**カリ**の小屋を作る。

□ 15 **ゲンエキ**のまますめずに飲む。

9 漢字の書き 2

出る順 ランク A

合格 11／15

得点

◆次の——線のカタカナを漢字に直しなさい。

□ 1 朝早くから**コナ**雪がまう。

□ 2 拾った木の実を弟と**キントウ**に分ける。

□ 3 室内の温度は一定に**タモ**たれている。

□ 4 自動車の**ゼイキン**をおさめる。

□ 5 妹は赤い色の服がよく**ニ**合う。

□ 6 夏休みに植物**サイシュウ**をした。

□ 7 **ゲイジュツ**に国境はないといわれる。

□ 8 アジアの国々へ旅行する人が**フ**えている。

□ 9 庭の**ザッソウ**をぬいてそうじをする。

□ 10 しげった庭木の**エダ**を切る。

□ 11 競技場に入る人数が**セイゲン**された。

□ 12 大**ガタ**台風が上陸するそうだ。

□ 13 この食堂は味がよいと**ヒョウバン**だ。

□ 14 日本**ケンチク**の良さが見直される。

□ 15 船は船頭に**マカ**せよ

10 漢字の書き 3

出る順 ランクA

合格 11／15

得点

◆次の——線のカタカナを漢字に直しなさい。

□ 1 台風の今後の進路を**ヨソク**する。

□ 2 母に遠足の**ベントウ**を作ってもらった。

□ 3 公園にすべり台が**モウ**けられた。

□ 4 昨夜はこわい**ユメ**を見た。

□ 5 車に気を付けて道路を**オウダン**する。

□ 6 駅から家までの**リャクズ**をかく。

□ 7 大気中の二酸化炭素を**ヘ**らす。

□ 8 列車で**コッキョウ**をこえる。

□ 9 もう一度計算をして答えを**タシ**かめる。

□ 10 年末年始はどこも**コンザツ**している。

□ 11 赤い毛糸で手ぶくろを**ア**む。

□ 12 生き物係としての**セキニン**を果たす。

□ 13 足音を立てずにそっと**チカヨ**る。

□ 14 先祖の**ハカ**にキクの花をそなえる。

□ 15 次の目的地までバスで**イドウ**した。

11 漢字の書き 4

出る順 ランクA

合格 11/15

得点

◆次の――線のカタカナを漢字に直しなさい。

□ 1 先生をよびにショクイン室へ行く。

□ 2 新聞にたくさんのコウコクがのっている。

□ 3 提案に反対する理由を順序よくノべる。

□ 4 おじはヒサしぶりに外国から帰ってきた。

□ 5 旅行先の風景をあれこれソウゾウする。

□ 6 キーパーがゴールの前でカマえる。

□ 7 電車が鉄橋をツウカする。

□ 8 各国の協力でマズしい人々を救う。

□ 9 母は来客をオウセツ室に案内した。

□ 10 昔の台所の様子をサイゲンする。

□ 11 今度のテストはヤサしかった。

□ 12 会議のシリョウを配る。

□ 13 父は分アツい辞書を持っている。

□ 14 わが国のデントウある文化を守ろう。

□ 15 知らぬがホトケ

12 漢字の書き 5

出る順 ランクA

合格 11／15

得点

◆次の——線のカタカナを漢字に直しなさい。

□ 1 姉は書道部に**ショゾク**している。

□ 2 となりの県との**サカイ**に川が流れている。

□ 3 自転車がたおれてペダルが**ハソン**した。

□ 4 農家の人々を**マネ**いて米作りの苦労を聞く。

□ 5 テニスの**キホン**動作を練習する。

□ 6 スタートの合図で**イキオ**いよく走り出す。

□ 7 夜の海岸で**ギンガ**をながめる。

□ 8 この川の上流にダムが**キズ**かれた。

□ 9 先生にボールのけり方の**シドウ**を受ける。

□ 10 友達にかさを**カ**す。

□ 11 ゴールに向かって**ムチュウ**で走る。

□ 12 シュートを失敗しても選手を**セ**めない。

□ 13 お店**ゲンテイ**の商品を買う。

□ 14 春から夏へと季節が**ウツ**り変わる。

□ 15 ノーベル**ショウ**の話題でもりあがった。

13 漢字の書き 6

出る順 ランク A

合格 11/15

得点

◆次の――線のカタカナを漢字に直しなさい。

□ 1 去年に**クラ**べて今年は気温が高い。

□ 2 父は会社の**ショクドウ**で休けいをとる。

□ 3 テストに**ソナ**えて勉強する。

□ 4 クラスの**ソウイ**を先生に伝える。

□ 5 ゴールを目指して力の**カギ**り走る。

□ 6 花だんの土に**ヒリョウ**を混ぜる。

□ 7 この島には**ユタ**かな自然が残っている。

□ 8 遠足で大昔の**ジュウキョ**あとを見学した。

□ 9 古い**ヌノ**でぞうきんを作った。

□ 10 **オウフク**きっぷを買って列車に乗る。

□ 11 強い相手に**フタタ**びちょう戦した。

□ 12 **カイセイ**の空に飛行機雲が見える。

□ 13 道に**マヨ**って一時間も歩き続けた。

□ 14 学芸会で王様の役を**エン**じた。

□ 15 じゅう道の**コクサイ**大会が行われる。

14 漢字の書き 7

出る順 ランク A

合格 11/15

得点

◆次の——線のカタカナを漢字に直しなさい。

□ 1 兄弟げんかの**ゲンイン**を母に話す。

□ 2 初めてテントを**ハ**ってキャンプをした。

□ 3 日本では児童数が**ゲンショウ**している。

□ 4 鉄ぼうで**サカ**上がりの練習をする。

□ 5 一年生が先生に**ヒキ**いられて遠足に行く。

□ 6 いつも**セイケツ**なハンカチを持つ。

□ 7 海岸に松を植えて風を**フセ**ぐ。

□ 8 ケーキを**キントウ**に切り分ける。

□ 9 一年生の妹はようやく学校生活に**ナ**れた。

□ 10 小麦粉に水を加えてよく**マ**ぜる。

□ 11 **ブシ**の使った刀やよろいを見た。

□ 12 となりの家に**サクラ**の木がある。

□ 13 物語を読んで**ナイヨウ**を短くまとめる。

□ 14 二十**セイキ**にあったことを思い出す。

□ 15 **セイジ**家が国の予算について話し合う。

15 漢字と送りがな 1

出る順 ランクA　合格 11/15　得点

◆次の——線のカタカナを○の中の漢字と送りがな(ひらがな)で書きなさい。

〈例〉 (正) タダシイ字を書く。　［正しい］

1 (備) 練習を重ねて試合にソナエル。

2 (設) 公園に休けい所をモウケル。

3 (寄) 落ち葉を庭のすみにヨセル。

4 (確) 辞書で言葉の意味をタシカメル。

5 (喜) 選手が勝利のヨロコビを語った。

6 (易) ヤサシイかけ算をまちがえた。

7 (比) 二つのかばんの重さをクラベル。

8 (険) ケワシイ山を登山隊が行く。

9 (勢) とび箱をイキオイよくとびこす。

10 (構) 外野手が位置に着いてカマエル。

11 (務) 入場行進の旗手をツトメル。

12 (絶) 台風が近づき人通りがタエル。

13 (破) 水泳選手が日本記録をヤブル。

14 (導) 来場者を会場へミチビク。

15 (過) 交差点をスギルと左手に学校がある。

16 漢字と送りがな 2

出る順 ランクA

合格 11／15

得点

◆次の――線のカタカナを○の中の漢字と送りがな（ひらがな）で書きなさい。

〈例〉 ㊣ タダシイ字を書く。　正しい

□ 1 (支) 植えたなえ木を竹のぼうでササエル。

□ 2 (豊) ユタカナ経験を持つコーチだ。

□ 3 (耕) くわを使って畑をタガヤス。

□ 4 (修) アメリカの大学で医学をオサメル。

□ 5 (逆) わたしは兄にサカラウことがある。

□ 6 (示) 屋根の風向計が北をシメス。

□ 7 (述) 卒業生を送る言葉をノベル。

□ 8 (志) 医学の道をココロザス。

□ 9 (営) 駅前で洋品店をイトナム。

□ 10 (限) 入場は予約した人にカギル。

□ 11 (快) ココロヨイ風がほおをなでる。

□ 12 (招) ピアノの発表会に友人をマネク。

□ 13 (増) 近くの川でホタルの数がフエル。

□ 14 (貧) 少女はマズシイ家に生まれた。

□ 15 (迷) 辞典の種類が多く選ぶのにマヨウ。

17 部首・部首名 1

出る順 ランクA　合格 20/28　得点

◆次の漢字の部首と部首名を下の□の中からそれぞれ選び、記号で書きなさい。

(1)

	1 損	2 則	3 築	4 術	5 基	6 態	7 団
部首							
部首名							

あ 口　い ⺮　う 土　え 彳
お 木　か 囗　き 亻　く 刂
け 扌　こ 寸　さ 心　し 貝
す 匕　せ 行

ア にんべん　イ たけかんむり
ウ くち　エ かい・こがい
オ つち　カ こころ
キ ぎょうがまえ　ク き
ケ くにがまえ　コ りっとう
サ すん　シ ぎょうにんべん
ス てへん　セ ひ

(2)

	1 情	2 迷	3 府	4 政	5 容	6 暴	7 常
部首							
部首名							

あ 广　い 厂　う 宀　え 青
お 田　か 忄　き 止　く 日
け 攵　こ 寸　さ 辶　し ⺌
す 巾　せ 米

ア ひ　イ つかんむり
ウ とめる　エ はば
オ うかんむり　カ こめ
キ がんだれ　ク しんにょう
ケ あお　コ まだれ
サ りっしんべん　シ すん
ス た　セ ぼくづくり・のぶん

18 部首・部首名 2

出る順 ランク A

合格 20／28

得点

◆次の漢字の部首と部首名を下の□の中からそれぞれ選び、記号で書きなさい。

(1)

1 □ 税　2 □ 巣　3 □ 照　4 □ 務　5 □ 史　6 □ 願　7 □ 酸

	1	2	3	4	5	6	7
部首							
部首名							

あ 木　い 厂　う 力　え 矛
お 舌　か 儿　き 酉　く ⺍
け 口　こ 禾　さ 日　し 頁
す ム　せ 灬

ア ほこ　イ おおがい
ウ のぎへん　エ くち
オ き　カ つかんむり
キ れんが・れっか　ク ひ
ケ がんだれ　コ ちから
サ した　シ む
ス とりへん　セ ひとあし

(2)

1 □ 燃　2 □ 桜　3 □ 貧　4 □ 準　5 □ 医　6 □ 厚　7 □ 防

	1	2	3	4	5	6	7
部首							
部首名							

あ 氵　い 十　う 阝　え 女
お 灬　か 火　き 子　く 厂
け 匚　こ 一　さ 貝　し 立
す 八　せ 木

ア きへん　イ いち
ウ れんが・れっか　エ ひへん
オ こざとへん　カ さんずい
キ はち　ク はこがまえ
ケ がんだれ　コ かい・こがい
サ おんな　シ こ
ス たつ　セ じゅう

19 筆順・画数 1

出る順 ランクA

合格 28／40

得点

◆次の漢字の太い画のところは筆順の何画目ですか。また、総画数は何画ですか。算用数字（1、2、3…）で書きなさい。

	漢字	何画目	総画数
□ 1	犯		
□ 2	属		
□ 3	再		
□ 4	非		
□ 5	毒		
□ 6	武		
□ 7	断		
□ 8	眼		
□ 9	歴		
□ 10	織		
□ 11	構		
□ 12	常		
□ 13	逆		
□ 14	妻		
□ 15	状		
□ 16	張		
□ 17	罪		
□ 18	編		
□ 19	報		
□ 20	快		

20 筆順・画数 2

出る順 ランク A

合格 28／40

得点

◆次の漢字の太い画のところは筆順の何画目ですか。また、総画数は何画ですか。算用数字（1、2、3…）で書きなさい。

	漢字	何画目	総画数
□ 1	似		
□ 2	義		
□ 3	慣		
□ 4	版		
□ 5	際		
□ 6	確		
□ 7	興		
□ 8	証		
□ 9	防		
□ 10	情		

	漢字	何画目	総画数
□ 11	備		
□ 12	過		
□ 13	酸		
□ 14	綿		
□ 15	可		
□ 16	破		
□ 17	婦		
□ 18	率		
□ 19	益		
□ 20	絶		

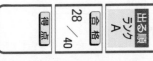

21 じゅく語の構成 1

出る順 ランクA　合格 14／20　得点

じゅく語の構成のしかたには、次のようなものがある。

ア　反対やついになる意味の字を組み合わせたもの。（例…上下）
イ　同じような意味の字を組み合わせたもの。（例…森林）
ウ　上の字が下の字の意味を説明（修しょく）しているもの。（例…漢字）
エ　下の字から上の字へ返って読むと意味がよくわかるもの。（例…出題）

◆次のじゅく語は右のア～エのどれにあたるか、記号で書きなさい。

□ 1　計測
□ 2　右折
□ 3　集散
□ 4　破損
□ 5　清酒
□ 6　採光
□ 7　検温
□ 8　均等
□ 9　寒暑
□ 10　告白
□ 11　決心
□ 12　物価
□ 13　身体
□ 14　旧友
□ 15　細大
□ 16　永久
□ 17　貸借
□ 18　加熱
□ 19　気象
□ 20　勝敗

22 じゅく語の構成 2

出る順 ランクA

合格 14／20

得点

じゅく語の構成のしかたには、次のようなものがある。

ア 反対やついになる意味の字を組み合わせたもの。（例…上下）
イ 同じような意味の字を組み合わせたもの。（例…森林）
ウ 上の字が下の字の意味を説明（修しょく）しているもの。（例…漢字）
エ 下の字から上の字へ返って読むと意味がよくわかるもの。（例…出題）

◆次のじゅく語は右のア～エのどれにあたるか、記号で書きなさい。

□ 1 血管
□ 2 増減
□ 3 停止
□ 4 特技
□ 5 造園
□ 6 昼夜
□ 7 絵画
□ 8 天地
□ 9 塩味
□ 10 登山

□ 11 銅像
□ 12 岩石
□ 13 得失
□ 14 禁漁
□ 15 洋画
□ 16 始終
□ 17 自他
□ 18 戦争
□ 19 益鳥
□ 20 帰国

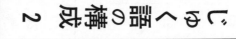

23 じゅく語の構成 3

出る順 ランク A

合格 14／20

得点

じゅく語の構成のしかたには、次のようなものがある。

ア　反対やついになる意味の字を組み合わせたもの。（例…上下）
イ　同じような意味の字を組み合わせたもの。（例…森林）
ウ　上の字が下の字の意味を説明（修しょく）しているもの。（例…漢字）
エ　下の字から上の字へ返って読むと意味がよくわかるもの。（例…出題）

◆次のじゅく語は右のア～エのどれにあたるか、記号で書きなさい。

□ 1 夫妻
□ 2 国境
□ 3 永住
□ 4 入国
□ 5 禁止
□ 6 救命
□ 7 衣服
□ 8 悲喜
□ 9 海底
□ 10 停車
□ 11 道路
□ 12 発着
□ 13 最適
□ 14 求職
□ 15 救助
□ 16 再会
□ 17 当落
□ 18 言語
□ 19 仮説
□ 20 損得

24 三字のじゅく語 1

出る順 ランクA

合格 19/26

得点

◆次のカタカナを漢字に直し、一字だけ書きなさい。

□ 1 **コウ**空機

□ 2 **メン**織物

□ 3 新**カン**線

□ 4 文化**ザイ**

□ 5 自画**ゾウ**

□ 6 不利**エキ**

□ 7 **カ**不足

□ 8 軽犯**ザイ**

□ 9 **ユメ**物語

□ 10 無事**コ**

□ 11 **ショウ**待状

□ 12 無**セキ**任

□ 13 **ギャク**光線

□ 14 **イ**留守

□ 15 不**カ**欠

□ 16 **ショウ**明書

□ 17 初出**エン**

□ 18 **ボウ**風雨

□ 19 **サッ**風景

□ 20 **セイ**神力

□ 21 **ク**読点

□ 22 持**キュウ**力

□ 23 **ゲン**住所

□ 24 自**エイ**隊

□ 25 **ヒ**売品

□ 26 無条**ケン**

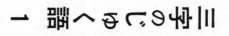

25

三字のじゅく語 2

出る順 ランク A

合格 19／26

得点

◆次のカタカナを漢字に直し、一字だけ書きなさい。

- □ 1 投票リツ
- □ 2 不サン成
- □ 3 ショク員室
- □ 4 感ジョウ的
- □ 5 ガン科医
- □ 6 可ノウ性
- □ 7 血エキ型
- □ 8 感謝ジョウ
- □ 9 芸ジュツ家
- □ 10 ベン当箱
- □ 11 栄養ソ
- □ 12 二顔絵
- □ 13 平キン点
- □ 14 シ育係
- □ 15 想ゾウカ
- □ 16 キ本的
- □ 17 消費ゼイ
- □ 18 ソ父母
- □ 19 新校シャ
- □ 20 サイ出発
- □ 21 文化ザイ
- □ 22 セイ治家
- □ 23 高気アツ
- □ 24 ユ入品
- □ 25 大事ケン
- □ 26 毛オリ物

26 対義語・類義語 1

出る順 ランクA

合格 14／20

得点

◆次の□内に入る適切な語を、後の□の中から必ず一度選んで漢字に直し、対義語・類義語を作りなさい。

対義語

1 予習―□習
2 現実―理□
3 実名―□名
4 反対―□成
5 禁止―□可
6 精神―物□
7 平常―□常
8 結果―原□
9 不潔―□潔
10 希望―□望

類義語

11 付近―□辺
12 用意―□備
13 使命―□務
14 指図―指□
15 熱中―□中
16 空想―想□
17 返答―□答
18 衛生―□健
19 才能―□質
20 永遠―永□

・いん　・おう　・か　・きゅう　・きょ　・さん　・じ
・しつ　・しゅう　・じゅん　・せい　・ぜつ　・そ　・そう
・ぞう　・にん　・ひ　・ふく　・ほ　・む

27 対義語・類義語 2

出る順 ランクA

合格 14／20

得点

◆次の□内に入る適切な語を、後の□の中から必ず一度選んで漢字に直し、対義語・類義語を作りなさい。

対義語

□ 1 未来 ― □去

□ 2 増加 ― □少

□ 3 生産 ― 消□

□ 4 入学 ― □業

□ 5 利益 ― □失

□ 6 接続 ― 切□

□ 7 単数 ― □数

□ 8 合成 ― 分□

□ 9 欠点 ― □点

□ 10 子孫 ― 先□

類義語

□ 11 生産 ― 製□

□ 12 運命 ― 運□

□ 13 火事 ― 火□

□ 14 不安 ― 心□

□ 15 辞職 ― 辞□

□ 16 自立 ― □立

□ 17 先生 ― 教□

□ 18 建設 ― 建□

□ 19 発行 ― 出□

□ 20 親切 ― □意

・か　・かい　・げん　・こう　・さい　・し　・せい
・ぞ　・ぞう　・そつ　・そん　・だん　・ちく　・どく
・にん　・ぱい　・ぱん　・ひ　・び　・ふく

28 対義語・類義語 3

出る順 ランクA　合格 14／20　得点

◆次の□内に入る適切な語を、後の□の中から必ず一度選んで漢字に直し、対義語・類義語を作りなさい。

対義語

- □ 1 主語 ― □語
- □ 2 苦手 ― □意
- □ 3 形式 ― 内□
- □ 4 基本 ― □用
- □ 5 合唱 ― □唱
- □ 6 集合 ― □散
- □ 7 回答 ― □問
- □ 8 固体 ― □体
- □ 9 正式 ― □式
- □ 10 過失 ― □意

類義語

- □ 11 順番 ― □順
- □ 12 事実 ― □実
- □ 13 定住 ― □住
- □ 14 理由 ― □原
- □ 15 赤字 ― □失
- □ 16 功労 ― 功□
- □ 17 家屋 ― 住□
- □ 18 留守 ― 不□
- □ 19 運送 ― □送
- □ 20 着目 ― 着□

・いん	・えい	・えき	・おう	・かい	・がん	・きょ
・こ	・さい	・ざい	・しつ	・じゅつ	・じょ	・せき
・そん	・とく	・どく	・ゆ	・よう	・りゃく	

29 じゅく語作り 1

出る順 ランクA　合格 13/18　得点

◆上の読みの漢字を後の□の中から一つずつ選んで、（　）に当てはめてじゅく語を作りなさい。答えは記号で書きなさい。

(1)

カ	（1）面・（2）口・物（3）
エイ	（4）星・（5）年・運（6）

ア 可　イ 英　ウ 河　エ 仮
オ 営　カ 衛　キ 泳　ク 価
ケ 化　コ 貨　サ 栄　シ 永

1 □　2 □　3 □　4 □　5 □　6 □

(2)

ショウ	（1）状・決（2）・（3）待
ホウ	情（4）・（5）富・開（6）

ア 昭　イ 放　ウ 報　エ 消
オ 包　カ 勝　キ 法　ク 商
ケ 招　コ 豊　サ 賞　シ 方

1 □　2 □　3 □　4 □　5 □　6 □

(3)

コ	（1）性・（2）底・車（3）
セイ	（4）府・（5）能・（6）造

ア 戸　イ 精　ウ 庫　エ 勢
オ 製　カ 湖　キ 個　ク 性
ケ 政　コ 制　サ 故　シ 清

1 □　2 □　3 □　4 □　5 □　6 □

30 じゅく語作り 2

出る順 ランク A

合格 13／18

得点

◆上の読みの漢字を後の[　]の中から一つずつ選んで、（　）に当てはめてじゅく語を作りなさい。答えは記号で書きなさい。

(1)

コウ	（1）力・（2）造・（3）地
ソク	原（4）・予（5）・休（6）

ア 則　イ 効　ウ 束　エ 構
オ 鉱　カ 興　キ 功　ク 速
ケ 息　コ 耕　サ 測　シ 側

1 □　2 □　3 □　4 □　5 □　6 □

(2)

サン	賞（1）・解（2）・（3）素
ゲン	（4）少・（5）実・（6）度

ア 現　イ 散　ウ 原　エ 参
オ 産　カ 限　キ 算　ク 元
ケ 賛　コ 減　サ 言　シ 酸

1 □　2 □　3 □　4 □　5 □　6 □

(3)

ハン	（1）定・（2）画・（3）罪
ヒョウ	（4）本・（5）庫・好（6）

ア 兵　イ 版　ウ 票　エ 飯
オ 表　カ 氷　キ 標　ク 板
ケ 評　コ 犯　サ 反　シ 判

1 □　2 □　3 □　4 □　5 □　6 □

31 同じ読みの漢字 1

出る順 ランクA　合格 12/17　得点

◆次の——線のカタカナをそれぞれ別の漢字に直しなさい。

□
1 朝早く起きる習**カン**を身に付ける。
2 朝**カン**で選挙の記事を読む。

□
3 教科書の詩をノートに**ウツ**す。
4 本箱をとなりの部屋に**ウツ**す。

□
5 相手によって**タイ**度を変える。
6 音楽**タイ**が行進曲を演そうする。

□
7 地しん**サイ**害を予想する。
8 アメリカの大統領夫**サイ**。

□
9 教室でメダカを**カ**って観察する。
10 書店で漢字の辞書を**カ**った。

□
11 今年は米が**ホウ**作だ。
12 運動場が休日に開**ホウ**された。

□
13 種が発芽する条**ケン**を調べる。
14 病気に備えて保**ケン**に加入する。

□
15 天**コウ**不順のため登山を中止した。
16 昔の建物の**コウ**造を調べる。
17 空いた時間を有**コウ**に使う。

1	3	5	7	9	11	13	15	17
2	4	6	8	10	12	14	16	

32 同じ読みの漢字 2

出る順 ランクA

合格 12／17

得点

◆次の――線のカタカナをそれぞれ別の漢字に直しなさい。

1 寒いので**アツ**手のシャツを着た。
2 **アツ**い湯をポットに注ぐ。

3 アジアの国々と貿**エキ**をする。
4 新商品を発売して利**エキ**を得る。

5 学校の図書館に絵本を**キ**付した。
6 公園の使用**キ**則を守って遊ぶ。

7 あざやかな色の糸で布を**オ**る。
8 新聞紙を**オ**りたたんで重ねる。

9 恩《おん》師に礼**ジョウ**を書く。
10 悪**ジョウ**件の中で試合を行う。

11 **ザイ**校生の数が年々減ってきた。
12 カナダから木**ザイ**を輸入する。

13 半**ケイ**五メートルの円をかく。
14 試合開始から五分が**ケイ**過した。

15 委員長としての**セキ**任を果たす。
16 三角形の面**セキ**を求める。
17 成**セキ**が上がるよう努力する。

1	3	5	7	9	11	13	15	17
2	4	6	8	10	12	14	16	

33 同じ読みの漢字 3

出る順 ランク A

合格 12／17

得点

◆次の——線のカタカナをそれぞれ別の漢字に直しなさい。

1 コーチの指**ドウ**で投球練習をする。
2 功労者の**ドウ**像をつくる。

3 日本にも金の**コウ**山がある。
4 家族全員の健**コウ**を願う。

5 毎日、本を読むように**ツト**める。
6 今学期は図書委員を**ツト**めている。

7 **サン**成の人は手を挙げてください。
8 サイダーには炭**サン**が入っている。

9 公会堂での**エン**芸会は楽しかった。
10 植物**エン**で花の写生をする。

11 音楽が**タ**え間なく流れている。
12 急に**タ**ち止まってふり返る。

13 学期ごとに体重**ソク**定をする。
14 反**ソク**をせず正々堂々と戦う。

15 本の貸し出し期**ゲン**が過ぎた。
16 他の学校との交流が実**ゲン**する。
17 年々児童数が**ゲン**少している。

1	2
3	4
5	6
7	8
9	10
11	12
13	14
15	16
17	

34 じゅく語の音と訓 1

出る順 ランクA

合格 17／24

得点

◆漢字の読みには音と訓があります。次のじゅく語の読みは□の中のどの組み合わせになっていますか。ア～エの記号で答えなさい。

ア 音と音　イ 音と訓　ウ 訓と訓　エ 訓と音

1 仮《か》定《てい》

2 強《つよ》火《び》

3 無《む》口《くち》

4 重《じゅう》箱《ばこ》

5 梅《うめ》酒《しゅ》

6 秋《あき》風《かぜ》

7 指《し》示《じ》

8 両《りょう》足《あし》

9 移《い》民《みん》

10 塩《しお》気《け》

11 薬《くすり》指《ゆび》

12 夢《む》中《ちゅう》

13 大《おお》勢《ぜい》

14 桜《さくら》貝《がい》

15 手《て》帳《ちょう》

16 雑《ぞう》木《き》

17 横《よこ》町《ちょう》

18 化《か》石《せき》

19 格《かく》安《やす》

20 損《そん》害《がい》

21 心《こころ》得《え》

22 仏《ほとけ》心《ごころ》

23 布《ぬの》製《せい》

24 楽《がく》屋《や》

35 じゅく語の音と訓 2

出る順 ランクA　合格 17／24　得点

◆漢字の読みには音と訓があります。次のじゅく語の読みは□の中のどの組み合わせになっていますか。ア〜エの記号で答えなさい。

ア 音と音　イ 音と訓　ウ 訓と訓　エ 訓と音

□ 1 安《あん》易《い》

□ 2 新《しん》顔《がお》

□ 3 残《ざん》高《だか》

□ 4 巣《す》箱《ばこ》

□ 5 増《ぞう》加《か》

□ 6 雨《あま》具《ぐ》

□ 7 係《かかり》員《いん》

□ 8 野《の》原《はら》

□ 9 暴《ぼう》風《ふう》

□ 10 身《み》分《ぶん》

□ 11 位《い》置《ち》

□ 12 相《そう》場《ば》

□ 13 招《しょう》待《たい》

□ 14 野《の》宿《じゅく》

□ 15 街《まち》角《かど》

□ 16 永《えい》遠《えん》

□ 17 店《みせ》番《ばん》

□ 18 酸《さん》素《そ》

□ 19 花《はな》束《たば》

□ 20 織《おり》物《もの》

□ 21 仕《し》事《ごと》

□ 22 道《みち》順《じゅん》

□ 23 解《かい》決《けつ》

□ 24 総《そう》出《で》

36 漢字の読み 8

出る順 ランクB

合格 11／15

得点

◆次の――線の読みをひらがなで書きなさい。

□ 1 こんな夜中に電話するとは**非常識**だ。

□ 2 一年生になった妹の身長を**測**る。

□ 3 旅行にかかる**経費**を計算する。

□ 4 正しいリズムと**音程**で歌う。

□ 5 **額**のあせをぬぐいながら作業を続ける。

□ 6 日本の本州の中央部には**山脈**が多い。

□ 7 **雪解**けの水が谷川を流れる。

□ 8 お世話になった人に**義理**をつくす。

□ 9 わたしは**暗示**にかかりやすい。

□ 10 港で大きな貨物船を**造**っている。

□ 11 たんごの**節句**を家族で祝う。

□ 12 畑に薬をまいて虫の害を**防**ぐ。

□ 13 登山隊は昨日から消息を**絶**ったままだ。

□ 14 サルの社会には**序列**がある。

□ 15 明日は**仮**に雪がふっても社会見学に行く。

37 漢字の読み 9

出る順 ランクB　合格 11／15　得点

◆次の――線の読みをひらがなで書きなさい。

□ 1 **大型**のトラックで荷物を運ぶ。

□ 2 **貿易**の相手国について調べる。

□ 3 期待に**応**えてがんばる。

□ 4 研究者の長年の**業績**がみとめられる。

□ 5 水泳選手は**均整**のとれた体をしている。

□ 6 となりの家との**境**に木を植える。

□ 7 合格への道は**険**しい。

□ 8 **油断**は禁物である。

□ 9 かれは**意志**の強い人だ。

□ 10 同じあやまちを**再**びくり返さない。

□ 11 新しい**組織**を作る。

□ 12 カーテン用の**布**を買う。

□ 13 **消費税**が引き上げられる。

□ 14 電車がたいへん**混**んでいる。

□ 15 細かいことは**省略**して説明する。

38 漢字の読み 10

出る順 ランク B

合格 11／15

得点

◆次の――線の読みをひらがなで書きなさい。

- □ 1 美しくさいた梅の花を**観賞**する。
- □ 2 **旧式**のパソコンを使う。
- □ 3 野菜を作るために畑を**耕**す。
- □ 4 **事件**の現場へかけつける。
- □ 5 父は県知事の地位に**在**る。
- □ 6 **粉末**の薬を食後に飲む。
- □ 7 できないことは、はっきりと**断**る。
- □ 8 努力すれば良い結果を**招**く。
- □ 9 アメリカ**在住**のいとこに手紙を書く。
- □ 10 興ふんして馬が**暴**れる。
- □ 11 **鉱山**から石炭をほり出す。
- □ 12 戦争中の**貧**しい食事を体験する。
- □ 13 集団の**規則**を守る。
- □ 14 名古屋を**経**て北陸へ行く。
- □ 15 急に大雨がふってきて**往生**する。

39 漢字の読み 11

出る順 ランクB　合格 11/15　得点

◆次の――線の読みをひらがなで書きなさい。

- □ 1 母といっしょに**婦人**服売り場へ行く。
- □ 2 熱を下げるために飲んだ薬が**効**く。
- □ 3 宿題を**要領**よくかたづける。
- □ 4 すばらしい**演技**に感動した。
- □ 5 風雨がおさまり、船が**運航**を再開した。
- □ 6 十一月になって**日増**しに寒くなる。
- □ 7 **故意**にガラスをわったのではない。
- □ 8 英語を**本格**的に習い始めた。
- □ 9 夫妻の末**永**い幸せをいのる。
- □ 10 わたしはピアノが**得意**だ。
- □ 11 モモの実の**個数**を数える。
- □ 12 **常**に前向きに生きていこう。
- □ 13 理科で**仮説**を立てて実験した。
- □ 14 公園の中に**銅像**が立っている。
- □ 15 **快**いそよ風がほおをなでる。

40 漢字の読み 12

出る順 ランク B

合格 11/15

得点

◆次の——線の読みをひらがなで書きなさい。

□ 1 代表者としての**責任**がある。

□ 2 主語と**述語**をぬき出す。

□ 3 **妻**と二人で外国に旅行する。

□ 4 開会式の司会を**務**める。

□ 5 **判断**に迷って両親に相談する。

□ 6 ラッコは北の海に**適応**して生きている。

□ 7 **志**は高く、夢は大きく持とう。

□ 8 時間が少なくてもあせりは**禁物**だ。

□ 9 この布地は手で**織**られたものだ。

□ 10 ごはんを食べる量を少し**減**らす。

□ 11 友人の無実を**証言**する。

□ 12 明るい家庭生活を**営**む。

□ 13 **益鳥**が作物についた害虫を食べる。

□ 14 学校を卒業して**久**しい。

□ 15 台風が**通過**して空が晴れた。

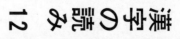

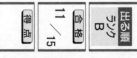

41 漢字の書き 8

出る順 ランクB

合格 11／15

得点

◆次の——線のカタカナを漢字に直しなさい。

□ 1 梅雨《つゆ》の時期は**ショクチュウドク**が起こりやすい。

□ 2 心が**ユタ**かになるような本を読む。

□ 3 弟の野球チームの記事が**ユウカン**にのる。

□ 4 大人《おとな》になったら**エイヨウシ**になりたい。

□ 5 自転車を**シュウリ**する。

□ 6 用のない方の立ち入りをお**コトワ**りします。

□ 7 日本には国民の三大**ギム**がある。

□ 8 **アツ**い雨雲が空をおおっている。

□ 9 算数の応用問題がやっと**ト**けた。

□ 10 **サンソ**は無色でにおいのない気体だ。

□ 11 こづかいの**アマ**りを貯金する。

□ 12 高学年の児童が運動会の**ジュンビ**をする。

□ 13 学級でインコを二羽**カ**っている。

□ 14 事故の**ジョウホウ**を正しく伝える。

□ 15 **エイセイ**放送でサッカーの試合を見た。

42 漢字の書き 9

出る順 ランク B

合格 11／15

得点

◆次の――線のカタカナを漢字に直しなさい。

□ 1 すずしい木かげに**ウツ**って休けいする。

□ 2 マラソンは陸上**キョウギ**の一つだ。

□ 3 インフルエンザの**ヨボウ**接種をした。

□ 4 元日の朝は神社に参る人が**タ**えない。

□ 5 天高く馬**コ**ゆる秋

□ 6 助けてくれた友人に深く**カンシャ**する。

□ 7 提案者が質問に**テキセツ**に答える。

□ 8 この風景はいつまでも**インショウ**に残る。

□ 9 **ゲンザイ**の気温は二十度だ。

□ 10 日曜日は一日中、魚つりをして**ス**ごした。

□ 11 人に**ボウリョク**をふるってはならない。

□ 12 新しいテレビを**イマ**に置く。

□ 13 今日はデパートの**エイギョウ**最終日だ。

□ 14 **キュウキュウ**車がサイレンを鳴らして走る。

□ 15 ゆれるバスの中で妹の体を**ササ**える。

43 漢字の書き 10

出る順 ランクB　合格 11/15　得点

◆次の――線のカタカナを漢字に直しなさい。

- □ 1 外国への自動車の**ユシュツ**量を増やす。
- □ 2 マラソン選手の**ヒタイ**からあせが流れる。
- □ 3 高地になるほど**サンソ**がうすくなる。
- □ 4 学校の帰りに友達の家に**ヨ**る。
- □ 5 年功**ジョレツ**の考え方が根付いている。
- □ 6 外国の大学で物理学を**オサ**める。
- □ 7 海外旅行の**ニッテイ**が決まった。
- □ 8 運動会で力の**カギ**り応えんする。
- □ 9 **テイキアツ**が近づく週末が心配だ。
- □ 10 工場に最新の機械を**ソナ**える。
- □ 11 先生の**ユル**しを得て倉庫に入る。
- □ 12 両国が**リョウド**の問題について話し合う。
- □ 13 **ワタ**のような雪がふり続く。
- □ 14 放課後の遊び方について**チョウサ**する。
- □ 15 記事を**ヘンシュウ**して学級新聞を作る。

44 漢字の書き 11

出る順 ランクB

合格 11／15

得点

◆次の――線のカタカナを漢字に直しなさい。

□ 1 今夜は**ニクガン**でも星がよく見える。

□ 2 暗い夜道では**ハンザイ**が起こりやすい。

□ 3 太い**ミキ**のすぎを切りたおす。

□ 4 **ヒンシツ**の良いセーターを着る。

□ 5 今年は公園にプールが**モウ**けられた。

□ 6 手話の**コウシュウ**会が開かれた。

□ 7 夏休みの課題を**テイシュツ**する。

□ 8 自分の考えをありのままに**ノ**べる。

□ 9 妹と**ヤサ**しいクイズを作って遊ぶ。

□ 10 友人から**テンキョ**の通知がとどいた。

□ 11 マラソンには**ジキュウ**カが必要だ。

□ 12 兄は**ベンゴシ**として働いている。

□ 13 母から食事の後かたづけを**マカ**された。

□ 14 ふるさとの伝統**ゲイノウ**について調べる。

□ 15 先生の話をノートに書き**ト**める。

45 漢字の書き 12

出る順 ランク B

合格 11／15

得点

◆次の――線のカタカナを漢字に直しなさい。

□ 1 家族で**センゾ**の墓参りをした。

□ 2 昨年に**クラ**べるとかなり寒い。

□ 3 ヨーロッパに新しい**ドクリツ**国ができた。

□ 4 本にのせる**ズハン**を用意する。

□ 5 おかした**ツミ**をつぐなう。

□ 6 兄が中国に**リュウガク**する。

□ 7 友達に鳥の図かんを**カ**す。

□ 8 選手が試合を終えて**シュクシャ**に帰る。

□ 9 かんとくがチームを**ヒキ**いて入場する。

□ 10 戸じまりをもう一度**タシ**かめる。

□ 11 オーストラリアは鉄**コウセキ**の産出国だ。

□ 12 雨が多くてダムには水が**ユタ**かだ。

□ 13 苦しさに負けない**セイシン**力をきたえる。

□ 14 キーパーは体を**ハ**ってボールを止めた。

□ 15 事故の様子がテレビで**ホウドウ**される。

46 漢字と送りがな 3

出る順 ランク B

合格 11／15

得点

◆次の――線のカタカナを○の中の漢字と送りがな（ひらがな）で書きなさい。

〈例〉 (正) タダシイ字を書く。 　正しい

□ 1 (燃) モエルごみだけを箱に入れる。

□ 2 (暴) 教室でアバレていてしかられた。

□ 3 (混) 青と白の絵の具をマゼル。

□ 4 (過) 昨日の午後は本を読んでスゴシた。

□ 5 (任) 運動会の運営をマカサれる。

□ 6 (解) このなぞはよく考えたらトケルはずだ。

□ 7 (率) キャプテンとしてチームをヒキイル。

□ 8 (告) しんぱんが試合開始をツゲル。

□ 9 (責) ちこくしてきた兄をセメル。

□ 10 (余) 大会までアマスところ一週間となった。

□ 11 (保) 室内の温度を二十度にタモツ。

□ 12 (囲) みんなで夕食のテーブルをカコム。

□ 13 (覚) 夜中に物音で目をサマシた。

□ 14 (慣) 暗やみに目をナラス。

□ 15 (情) ナサケ深い人に助けられた。

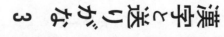

47 漢字と送りがな 4

出る順 ランクB

合格 11／15

得点

◆次の――線のカタカナを○の中の漢字と送りがな（ひらがな）で書きなさい。

〈例〉 (正) **タダシイ**字を書く。　正しい

□ 1 (連) 遠くに高い山々が**ツラナル**。

□ 2 (許) 先生の**ユルシ**を得て楽器を使う。

□ 3 (移) ストーブのそばの席に**ウツル**。

□ 4 (再) 帰国した父は**フタタビ**外国へ行った。

□ 5 (永) 世の中に**ナガク**名を残す。

□ 6 (防) 話し合いを重ねて戦争を**フセグ**。

□ 7 (改) 今までの態度を**アラタメル**。

□ 8 (久) おばとは**ヒサシク**会っていない。

□ 9 (散) 部屋がずいぶん**チラカッ**ている。

□ 10 (照) 部屋の中を朝日が**テラス**。

□ 11 (果) さいふを落としてこまり**ハテル**。

□ 12 (減) 六十キロの体重を少し**ヘラス**。

□ 13 (留) 用意する物をノートに書き**トメル**。

□ 14 (周) 池の**マワリ**を散歩する。

□ 15 (試) あきらめないで何度も**ココロミル**。

48 部首・部首名 3

出る順 ランク B

合格 20／28

得点

◆次の漢字の部首と部首名を下の□の中からそれぞれ選び、記号で書きなさい。

(1)

	1 貫	2 圧	3 得	4 導	5 故	6 因	7 席
部首							
部首名							

あ 大　い 囗　う 土　え 攵
お 厂　か 心　き 广　く 彳
け 巾　こ 口　さ 貝　し 辶
す 十　せ 寸

ア すん　イ こころ
ウ しんにょう　エ はば
オ ぎょうにんべん　カ かい・こがい
キ くにがまえ　ク のぶん
ケ つち　コ まだれ
サ じゅう　シ がんだれ
ス くち　セ だい

(2)

	1 独	2 応	3 寄	4 利	5 義	6 禁	7 快
部首							
部首名							

あ 禾　い 宀　う 心　え 刂
お 犭　か 示　き 木　く 广
け 戈　こ 虫　さ 羊　し 大
す 口　せ 忄

ア ひつじ　イ けものへん
ウ りっとう　エ ほこづくり
オ き　カ しめす
キ こころ　ク むし
ケ りっしんべん　コ くち
サ まだれ　シ うかんむり
ス だい　セ のぎへん

49 部首・部首名 4

出る順 ランク B　合格 20／28　得点

◆次の漢字の部首と部首名を下の□の中からそれぞれ選び、記号で書きなさい。

(1)

□1 究　□2 祖　□3 率　□4 額　□5 留　□6 製　□7 挙

	1	2	3	4	5	6	7
部首							
部首名							

あ 衣　い 口　う 玄　え 刀
お 一　か ネ　き 十　く 田
け 穴　こ 宀　さ 頁　し 亅
す リ　せ 手

ア うかんむり　イ て
ウ た　エ げん
オ おおがい　カ じゅう
キ くち　ク いち
ケ ころも　コ しめすへん
サ りっとう　シ かたな
ス あなかんむり　セ はねぼう

(2)

□1 武　□2 永　□3 夢　□4 居　□5 脈　□6 査　□7 雑

	1	2	3	4	5	6	7
部首							
部首名							

あ 一　い 水　う 艹　え 木
お 弋　か 月　き 乙　く 隹
け 止　こ 口　さ 夕　し 亅
す 尸　せ 厶

ア にくづき　イ くさかんむり
ウ しきがまえ　エ とめる
オ くち　カ き
キ みず　ク はねぼう
ケ いち　コ しかばね
サ む　シ ふるとり
ス た・ゆうべ　セ おつ

50

筆順・画数 3

出る順 ランク B

合格 28／40

得点

◆次の漢字の太い画のところは筆順の何画目ですか。また、総画数は何画ですか。算用数字（1、2、3…）で書きなさい。

（何画目・総画数）

1 弁
2 営
3 独
4 貸
5 布
6 序
7 潔
8 粉
9 航
10 演

11 貿
12 迷
13 減
14 寄
15 提
16 鉱
17 性
18 紀
19 耕
20 河

51 筆順・画数 4

出る順 ランク B　合格 28／40　得点

◆次の漢字の太い画のところは筆順の何画目ですか。また、総画数は何画ですか。算用数字（1、2、3…）で書きなさい。

		何画目	総画数
□ 1	団		
□ 2	義		
□ 3	仮		
□ 4	基		
□ 5	素		
□ 6	限		
□ 7	制		
□ 8	雑		
□ 9	豊		
□ 10	余		
□ 11	程		
□ 12	評		
□ 13	準		
□ 14	張		
□ 15	墓		
□ 16	像		
□ 17	適		
□ 18	故		
□ 19	報		
□ 20	謝		

52

じゅく語の構成 4

出る順 ランクB
合格 14／20
得点

じゅく語の構成のしかたには、次のようなものがある。

ア　反対やついになる意味の字を組み合わせたもの。（例…上下）
イ　同じような意味の字を組み合わせたもの。（例…森林）
ウ　上の字が下の字の意味を説明（修しょく）しているもの。（例…漢字）
エ　下の字から上の字へ返って読むと意味がよくわかるもの。（例…出題）

◆次のじゅく語は右のア～エのどれにあたるか、記号で書きなさい。

□ 1 動静
□ 2 重罪
□ 3 快晴
□ 4 護身
□ 5 機器
□ 6 進級
□ 7 因果
□ 8 賞賛
□ 9 往来
□ 10 良識

□ 11 特技
□ 12 製紙
□ 13 省略
□ 14 利害
□ 15 老人
□ 16 営業
□ 17 満足
□ 18 安易
□ 19 重責
□ 20 授受

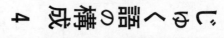

53 じゅく語の構成 5

出る順 ランクB　合格 14／20　得点

じゅく語の構成のしかたには、次のようなものがある。

ア　反対やついになる意味の字を組み合わせたもの。（例…上下）
イ　同じような意味の字を組み合わせたもの。（例…森林）
ウ　上の字が下の字の意味を説明（修しょく）しているもの。（例…漢字）
エ　下の字から上の字へ返って読むと意味がよくわかるもの。（例…出題）

◆次のじゅく語は右のア～エのどれにあたるか、記号で書きなさい。

□ 1 燃焼
□ 2 改心
□ 3 先発
□ 4 挙手
□ 5 断続
□ 6 急病
□ 7 飼育
□ 8 護衛
□ 9 加減
□ 10 児童
□ 11 品質
□ 12 単複
□ 13 読書
□ 14 通過
□ 15 増税
□ 16 検査
□ 17 急増
□ 18 新旧
□ 19 志望
□ 20 着任

54 じゅく語の構成 6

出る順 ランクB

合格 14/20

得点

じゅく語の構成のしかたには、次のようなものがある。

ア 反対やついになる意味の字を組み合わせたもの。（例…上下）
イ 同じような意味の字を組み合わせたもの。（例…森林）
ウ 上の字が下の字の意味を説明（修しょく）しているもの。（例…漢字）
エ 下の字から上の字へ返って読むと意味がよくわかるもの。（例…出題）

◆次のじゅく語は右のア～エのどれにあたるか、記号で書きなさい。

□ 1 美談
□ 2 防災
□ 3 応答
□ 4 表現
□ 5 自他
□ 6 休刊
□ 7 停止
□ 8 税金
□ 9 出欠
□ 10 移転

□ 11 終業
□ 12 素材
□ 13 指示
□ 14 保健
□ 15 墓地
□ 16 永住
□ 17 寒暑
□ 18 転居
□ 19 居住
□ 20 集散

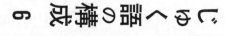

55 三字のじゅく語 3

出る順 ランク B

合格 19／26

得点

◆次のカタカナを漢字に直し、一字だけ書きなさい。

□ 1 湯加ゲン
□ 2 美ヨウ院
□ 3 高性ノウ
□ 4 カ分数
□ 5 無期ゲン
□ 6 コウ習会
□ 7 好成セキ
□ 8 事ム所
□ 9 所ザイ地
□ 10 ドク自性
□ 11 出パン社
□ 12 セイ塩業
□ 13 予ビ日
□ 14 大セッ戦
□ 15 非常シキ
□ 16 休コウ田
□ 17 大ダン円
□ 18 鉄コウ石
□ 19 消防シ
□ 20 ボウ易港
□ 21 イ食住
□ 22 不トウ一
□ 23 コ性的
□ 24 不テキ切
□ 25 議事ドウ
□ 26 シ望校

56 三字のじゅく語 4

出る順 ランクB

合格 19/26

得点

◆次のカタカナを漢字に直し、一字だけ書きなさい。

□ 1 規**ソク**的

□ 2 松竹**バイ**

□ 3 無**ゾウ**作

□ 4 **ソ**父母

□ 5 老**ガン**鏡

□ 6 品**ピョウ**会

□ 7 未**カイ**決

□ 8 **キ**元前

□ 9 有意**ギ**

□ 10 競**ギ**場

□ 11 **ボウ**風林

□ 12 半**ドウ**体

□ 13 国**サイ**化

□ 14 標**ジュン**的

□ 15 **ホウ**告書

□ 16 不**サイ**用

□ 17 **キョ**可証

□ 18 新**カン**書

□ 19 未**ケイ**験

□ 20 **ハン**人像

□ 21 弁**ゴ**士

□ 22 輸出**ガク**

□ 23 無所**ゾク**

□ 24 間**セツ**的

□ 25 **テイ**案者

□ 26 不**ネン**性

57 対義語・類義語 4

出る順 ランク B　合格 14／20　得点

◆次の□内に入る適切な語を、後の□の中から必ず一度選んで漢字に直し、対義語・類義語を作りなさい。

対義語

□ 1 送電 ― □電

□ 2 例外 ― 原□

□ 3 害虫 ― □虫

□ 4 理性 ― 感□

□ 5 支線 ― □線

□ 6 往路 ― □路

□ 7 生産 ― 消□

□ 8 近海 ― □洋

□ 9 不作 ― □作

□ 10 求人 ― 求□

類義語

□ 11 志望 ― 志□

□ 12 決心 ― 決□

□ 13 案内 ― 先□

□ 14 体験 ― □験

□ 15 改正 ― 改□

□ 16 応対 ― 応□

□ 17 修理 ― □修

□ 18 財産 ― □産

□ 19 進歩 ― 発□

□ 20 同意 ― □成

・えき　・し　・てい
・えん　・じょう　・どう
・かい　・しょく　・ひ
・かん　・せつ　・ふく
・がん　・そく　・ほう
・けい　・たつ　・りょう
・さん　・だん

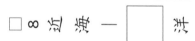

58 対義語・類義語 5

出る順 ランクB

合格 14/20

得点

◆次の□内に入る適切な語を、後の□の中から必ず一度選んで漢字に直し、対義語・類義語を作りなさい。

対義語

□ 1 集団 ― □別

□ 2 勝因 ― □因

□ 3 起点 ― □点

□ 4 集合 ― □散

□ 5 修理 ― 破□

□ 6 未来 ― □去

□ 7 消失 ― 出□

□ 8 自由 ― 強□

□ 9 冷水 ― □湯

□ 10 白昼 ― □夜

類義語

□ 11 日常 ― 平□

□ 12 予想 ― 予□

□ 13 短所 ― □点

□ 14 得意 ― 得□

□ 15 技能 ― 技□

□ 16 失望 ― □望

□ 17 風習 ― □習

□ 18 農地 ― □地

□ 19 静養 ― □養

□ 20 功労 ― 功□

・か ・かい ・かん ・けつ ・げん ・こ ・こう
・しゅう ・じゅつ ・しん ・せい ・せき ・ぜつ ・そ
・そく ・そん ・て ・ねつ ・はい ・ほ

59 対義語・類義語 6

出る順 ランク B　合格 14／20　得点

◆次の□内に入る適切な語を、後の□の中から必ず一度選んで漢字に直し、対義語・類義語を作りなさい。

対義語

□ 1 敗北 ― 勝□
□ 2 過度 ― □度
□ 3 用心 ― 油□
□ 4 寒帯 ― □帯
□ 5 平常 ― □常
□ 6 本店 ― □店
□ 7 完勝 ― 完□
□ 8 決定 ― 保□
□ 9 苦手 ― □意
□ 10 積極 ― □極

類義語

□ 11 活発 ― □活
□ 12 仮定 ― □定
□ 13 役目 ― 任□
□ 14 具合 ― 加□
□ 15 家屋 ― 住□
□ 16 転業 ― 転□
□ 17 関心 ― □味
□ 18 禁止 ― 禁□
□ 19 平等 ― □等
□ 20 首都 ― 首□

・かい　・きょ　・きょう　・きん　・げん　・し　・しょう
・しょく　・せい　・そう　・だん　・てき　・とく　・ねっ
・ぱい　・ひ　・ふ　・む　・り　・りゅう

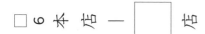

60 じゅく語作り 3

出る順 ランク B

合格 13/18

得点

◆上の読みの漢字を後の□の中から一つずつ選んで、（　）に当てはめてじゅく語を作りなさい。答えは記号で書きなさい。

(1)

シ　漁（1）・（2）育・（3）柱

ヒ　（4）常・対（5）・消（6）

ア 火　イ 皮　ウ 比　エ 支
オ 肥　カ 司　キ 非　ク 師
ケ 費　コ 飼　サ 飛　シ 資

1　2　3　4　5　6

(2)

ケン　事（1）・（2）査・保（3）

キ　（4）則・（5）生・（6）本

ア 規　イ 健　ウ 紀　エ 験
オ 件　カ 基　キ 研　ク 希
ケ 寄　コ 検　サ 喜　シ 県

1　2　3　4　5　6

(3)

カイ　理（1）・（2）晴・（3）良

ヒョウ　（4）価・目（5）・投（6）

ア 階　イ 表　ウ 改　エ 開
オ 兵　カ 評　キ 標　ク 快
ケ 票　コ 会　サ 解　シ 氷

1　2　3　4　5　6

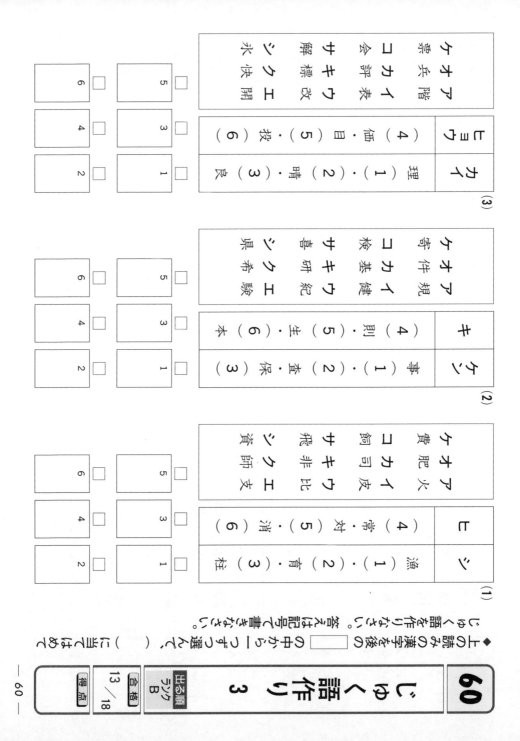

61 じゅく語作り 4

出る順 ランクB

合格 13/18 得点

◆上の読みの漢字を後の□の中から一つずつ選んで、（　）に当てはめてじゅく語を作りなさい。答えは記号で書きなさい。

(1)

シャ	校（1）・（2）礼・作（3）
サイ	火（4）・夫（5）・実（6）

ア 舎　イ オ　ウ 者　エ 災
オ 妻　カ 謝　キ 祭　ク 写
ケ 車　コ 最　サ 社　シ 際

1 □　2 □　3 □　4 □　5 □　6 □

(2)

キョウ	国（1）・（2）争・鉄（3）
ドウ	児（4）・（5）貨・指（6）

ア 共　イ 動　ウ 境　エ 働
オ 鏡　カ 堂　キ 童　ク 京
ケ 銅　コ 導　サ 橋　シ 競

1 □　2 □　3 □　4 □　5 □　6 □

(3)

ソウ	（1）合・（2）庫・戦（3）
タイ	（4）度・（5）員・温（6）

ア 帯　イ 想　ウ 隊　エ 争
オ 総　カ 態　キ 送　ク 待
ケ 代　コ 倉　サ 対　シ 相

1 □　2 □　3 □　4 □　5 □　6 □

62 同じ読みの漢字 4

出る順 ランクB

合格 12／17

得点

◆次の――線のカタカナをそれぞれ別の漢字に直しなさい。

1 世界の国々と**ボウ**易をする。
2 人に**ボウ**力をふるってはいけない。

3 川がとなり町との**キョウ**界だ。
4 そろばん**キョウ**技会で一位になる。

5 友達に自転車を**カ**してもらう。
6 兄に漢和辞典を**カ**りた。

7 海外の**セイ**治に関心を持つ。
8 この車の**セイ**能はすばらしい。

9 道順を親**セツ**に教えてくれた。
10 この電車は特急と**セツ**続する。

11 妹は水**エイ**教室に通っている。
12 台所の**エイ**生に気を付ける。

13 母は常にえがおを**タ**やさない。
14 船が波を**タ**てて湖上を進む。

15 都道府**ケン**ごとの人口を調べる。
16 事**ケン**は無事に解決した。
17 病院で**ケン**査を受ける。

1	2
3	4
5	6
7	8
9	10
11	12
13	14
15	16
17	

63 同じ読みの漢字 5

出る順 ランクB

合格 12/17

得点

◆次の——線のカタカナをそれぞれ別の漢字に直しなさい。

□
1 ぼくの意見は会議でシ持された。
2 姉はシ望校に入学できた。

□
3 祖母は家でネコをカっている。
4 新発売のゲームをカった。

□
5 畑の土にヒ料をあたえる。
6 ヒ類のない美しさをもつ湖だ。

□
7 野球を通してセイ神をきたえる。
8 工場で自動車をセイ造する。

□
9 バスがサカ道を上っていく。
10 景色が湖にサカさまにうつる。

□
11 大型客船での旅はカイ適だった。
12 駅のカイ札口で父と待ち合わせた。

□
13 遠足でオウ復とも歩いた。
14 オウ接室に客を通す。

□
15 工事は日テイどおり進んでいる。
16 海テイ火山の活動を調べる。
17 台風によるテイ電が長時間続く。

1	2
3	4
5	6
7	8
9	10
11	12
13	14
15	16
17	

64 同じ読みの漢字 6

出る順 ランクB

合格 12／17

得点

◆次の——線のカタカナをそれぞれ別の漢字に直しなさい。

1 はき**ナ**れたくつで登山する。

2 救急車がサイレンを**ナ**らす。

3 漢字の一点一画を正**カク**に書く。

4 上級生としての自**カク**を持つ。

5 交通事故の**トウ**計をとる。

6 ホウレン草を熱**トウ**でゆでる。

7 かぜで休む人が**ヘ**ってきた。

8 この建物は長い年月を**ヘ**ている。

9 兄弟でおやつを**キン**等に分ける。

10 波が高いので泳ぐのは**キン**止だ。

11 仮説を実験で**ショウ**明する。

12 音楽会に**ショウ**待された。

13 **ガン**科の医院で目薬をもらった。

14 念**ガン**の家族旅行に出かける。

15 町の人口は年々**ゾウ**加している。

16 紙で作った**ゾウ**花をかざる。

17 寺の仏**ゾウ**を見学する。

65 じゅく語の音と訓 3

出る順 ランクB　合格 17／24　得点

◆漢字の読みには音と訓があります。次のじゅく語の読みは□の中のどの組み合わせになっていますか。ア〜エの記号で答えなさい。

ア 音と音　イ 音と訓　ウ 訓と訓　エ 訓と音

□ 1 合《あい》図《ず》

□ 2 名《な》札《ふだ》

□ 3 大《おお》判《ばん》

□ 4 適《てき》度《ど》

□ 5 現《げん》場《ば》

□ 6 台《だい》所《どころ》

□ 7 雑《ざつ》用《よう》

□ 8 内《うち》税《ぜい》

□ 9 朝《あさ》日《ひ》

□ 10 番《ばん》組《ぐみ》

□ 11 桜《さくら》草《そう》

□ 12 粉《こな》薬《ぐすり》

□ 13 古《ふる》着《ぎ》

□ 14 油《あぶら》絵《え》

□ 15 個《こ》人《じん》

□ 16 味《み》方《かた》

□ 17 青《あお》菜《な》

□ 18 毎《まい》朝《あさ》

□ 19 組《くみ》曲《きょく》

□ 20 別《べっ》物《もの》

□ 21 感《かん》情《じょう》

□ 22 字《じ》引《びき》

□ 23 境《きょう》界《かい》

□ 24 得《え》手《て》

66 じゅく語の音と訓 4

出る順 ランク B

合格 17／24

得点

◆漢字の読みには音と訓があります。次のじゅく語の読みは□の中のどの組み合わせになっていますか。ア～エの記号で答えなさい。

ア 音と音　イ 音と訓　ウ 訓と訓　エ 訓と音

1 交《こう》易《えき》 [ ]
2 曜《よう》日《び》 [ ]
3 札《さつ》束《たば》 [ ]
4 紙《かみ》製《せい》 [ ]
5 枝《えだ》豆《まめ》 [ ]
6 武《ぶ》士《し》 [ ]
7 夕《ゆう》刊《かん》 [ ]
8 知《ち》識《しき》 [ ]
9 貸《かし》家《や》 [ ]
10 真《ま》綿《わた》 [ ]
11 職《しょく》場《ば》 [ ]
12 建《たて》具《ぐ》 [ ]

13 初《はつ》夢《ゆめ》 [ ]
14 夫《ふ》妻《さい》 [ ]
15 関《せき》所《しょ》 [ ]
16 新《しん》型《がた》 [ ]
17 歌《うた》声《ごえ》 [ ]
18 仲《なか》間《ま》 [ ]
19 世《せい》紀《き》 [ ]
20 本《ほん》箱《ばこ》 [ ]
21 強《つよ》気《き》 [ ]
22 夜《よ》空《ぞら》 [ ]
23 丸《まる》太《た》 [ ]
24 金《きん》色《いろ》 [ ]

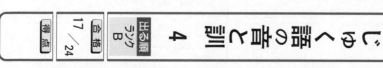

実力完成テスト 1

時間	合格点	得点
60分	140/200	

(一) 次の——線の漢字の読みをひらがなで書きなさい。（20点）

1 母は台所の清潔を心がけている。（　　）

2 見学者を会場へ導く係をした。（　　）

3 試合を見つめるかんとくの険しい目が光る。（　　）

4 余ったおやつを箱にしまう。（　　）

5 池の魚が水面で勢いよくはねた。（　　）

6 町の歴史案内書が刊行された。（　　）

7 店では輸入品を取りあつかっている。（　　）

8 電話で母に居場所を知らせる。（　　）

9 眼下に色づいた山々が広がる。（　　）

10 谷底から快い風がふき上がってくる。（　　）

11 ハイキングには絶好の秋晴れだ。（　　）

12 海外のニュースに興味を持つ。（　　）

13 句読点に気をつけて文章を読む。（　　）

14 笛の合図で再び試合が始まった。（　　）

15 二つの三角定規を組み合わせて使う。（　　）

16 うら山へ山菜を採りに出かけた。（　　）

17 畑で働く父の額にあせが流れる。（　　）

18 機械を使って農作業の能率を上げる。（　　）

19 兄は調理師を志している。（　　）

20 習うより慣れよ（　　）

(二) 次の――線のカタカナを○の中の漢字と送りがな(ひらがな)で書きなさい。(10点)

〈例〉 ㊀投ボールをナゲル。 (投げる)

1 ㊀豊ダムがユタカニ水をたたえる。（　）

2 ㊀肥農作物にコヤシをあたえる。（　）

3 ㊀増こづかいをフヤシてもらう。（　）

4 ㊀殺大木のかげで息をコロス。（　）

5 ㊀設式場に来客用の席をモウケル。（　）

(三) 次の漢字の部首と部首名を書きなさい。部首名は、後の□から選んで、記号で答えなさい。(10点)

	部首	部首名
〈例〉 林・村	（木）	（ア）
1 資・費	（　）	（　）
2 効・勢	（　）	（　）
3 容・寄	（　）	（　）
4 属・居	（　）	（　）
5 衛・街	（　）	（　）

ア	きへん
イ	ぎょうがまえ
ウ	た
エ	ちから
オ	しかばね
カ	くち
キ	かい・こがい
ク	うかんむり
ケ	ぎょうにんべん
コ	つち

(四) 次の漢字の太い画のところは筆順の何画目か、また総画数は何画か、算用数字(1、2、3…)で答えなさい。(10点)

	何画目	総画数
〈例〉 投	（5）	（7）
1 破	（　）	（　）
2 布	（　）	（　）
3 留	（　）	（　）
4 演	（　）	（　）
5 版	（　）	（　）

(五)

漢字を二字組み合わせたじゅく語では、二つの漢字の間に意味の上で、次のような関係があります。

ア 反対やついになる意味の字を組み合わせたもの。（例…**上下**）
イ 同じような意味の字を組み合わせたもの。（例…**森林**）
ウ 上の字が下の字の意味を説明（修しょく）しているもの。（例…**漢字**）
エ 下の字から上の字へ返って読むと意味がよくわかるもの。（例…**出題**）

次のじゅく語は、右の**ア**〜**エ**のどれに当たるか、**記号**で書きなさい。（20点）

1 再会（　　）
2 重複（　　）
3 損益（　　）
4 採決（　　）
5 授受（　　）
6 状態（　　）
7 帰国（　　）
8 最適（　　）
9 製造（　　）
10 燃料（　　）

(六)

次の**カタカナ**を**漢字**に直し、**一字だけ**書きなさい。（20点）

1 血**トウ**書（　　）
2 湯加**ゲン**（　　）
3 日**テイ**表（　　）
4 消**ドク**薬（　　）
5 特**コウ**薬（　　）
6 **コウ**習会（　　）
7 低気**アツ**（　　）
8 **フク**元図（　　）
9 青**ドウ**器（　　）
10 **ショウ**待客（　　）

(七)

後の□の中のひらがなを**漢字**に直して、**対義語**（反対の意味やついになる言葉）と、**類義語**（意味が似ている言葉）を作りなさい。（20点）

対義語

1 支線—（　　）線
2 受領—（　　）出
3 現実—理（　　）
4 結成—（　　）散
5 天然—人（　　）

かい・かん・こう・そう・てい

類義語

6 対照—対（　　）

7 力量—（　　）量

8 副業—内（　　）

9 祖国—（　　）国

10 品行—（　　）行

ぎ・しょく・そ・ひ・ぼ

(八) 上の読みの漢字を□の中から一つずつ選び、（　）に当てはめて**じゅく語**を作りなさい。答えは**記号**で書きなさい。（12点）

キョウ		
1（　）争	2（　）界	3（　）力

セイ		
4（　）治	5（　）神	6（　）備

ア 共	イ 勢	ウ 協	エ 省
オ 政	カ 鏡	キ 清	ク 競
ケ 境	コ 整	サ 教	シ 精

(九) 漢字の読みには**音**と**訓**があります。次の**じゅく語の読み**は□の中のどの組み合わせになっていますか。**ア〜エの記号**で答えなさい。（20点）

ア 音と音	**イ** 音と訓
ウ 訓と訓	**エ** 訓と音

1 居《い》所《どころ》（　　）

2 法《ほう》則《そく》（　　）

3 街《まち》角《かど》（　　）

4 山《やま》桜《ざくら》（　　）

5 条《じょう》理《り》（　　）

6 肉《にく》太《ぶと》（　　）

7 手《て》製《せい》（　　）

8 強《つよ》味《み》（　　）

9 在《ざい》学《がく》（　　）

10 油《あぶら》絵《え》（　　）

(十) 次の——線の**カタカナ**を**漢字**に直しなさい。（18点）

1 試合に大差で**ヤブ**れる。（　　）

2 紙ぶくろが**ヤブ**れる。（　　）

3 かん板をかべに**コ**定する。（　　）

4 商品の**コ**数を調べる。（　　）

5 **エイ**養を考えた食事。（　　）

6 早朝から**エイ**業する。（　　）

7 かぜを予**ボウ**する。（　　）

8 **ボウ**易を自由化する。（　　）

9 台風で**ボウ**風雨になる。（　　）

十 次の――線の**カタカナ**を**漢字**に直しなさい。（40点）

1 事故の**ゲンイン**を調査する。（　　）

2 協力して明るい家庭を**キズ**こう。（　　）

3 **カゼイ**の仕組みを学ぶ。（　　）

4 **メガネ**をかけて新聞を読む。（　　）

5 まじめな**タイド**で仕事をする。（　　）

6 落石のため通行が**キンシ**される。（　　）

7 百年を**ヘ**たすぎの大木だ。（　　）

8 テストの**ヘイキン**点を計算する。（　　）

9 一年生から**チョキン**をしている。（　　）

10 記録的な雨量を**カンソク**した。（　　）

11 試合への出場は六年生に**カギ**る。（　　）

12 二色の絵の具を**マ**ぜ合わせる。（　　）

13 ついに無実が**ショウメイ**される。（　　）

14 話し合う議題の**ジュンジョ**を決める。（　　）

15 校庭には**エダ**ぶりのよい松がある。（　　）

16 毎日の生活のリズムを**タモ**つ。（　　）

17 この**テイド**のけがならすぐに治る。（　　）

18 ゆかの上で**サカダ**ちをする。（　　）

19 この本は**カクベツ**おもしろい。（　　）

20 **ホトケ**の顔も三どまで（　　）

実力完成テスト 2

時間 60分　合格点 140/200　得点

㈠ 次の――線の漢字の読みをひらがなで書きなさい。(20点)

1 アジアの国々との友好関係を**築**く。

2 楽しい遊びに**夢中**になる。

3 **河原**一面にすすきが生えている。

4 見聞したことをくわしく**記述**する。

5 トラクターで広い畑を**耕**す。

6 古い民家を**改修**して資料館にする。

7 先生の注意を心に**留**める。

8 弟が庭で子犬を**構**っている。

9 **手術**は無事に終わったようだ。

10 となりの県との**境**に山がある。

11 高山植物の**分布**を調べる。

12 新しい委員会を**組織**する。

13 水泳大会に**備**えて練習をする。

14 白いドレスを着た**新婦**が入場する。

15 仕事の**要領**をだれよりも早く覚えた。

16 大学で政治学を**修**める。

17 **周囲**の様子を見まわす。

18 大通りは人の**往来**がはげしい。

19 登山隊は昨日から消息を**絶**っている。

20 外国から**綿花**を買い入れる。

(二) 次の——線のカタカナを○の中の漢字と送りがな(ひらがな)で書きなさい。（10点）

〈例〉 ㊉投ボールをナゲル。 （投げる）

1 ㊉救みぞに落ちた子犬をスクウ。（　）

2 ㊉務入場行進の先導をツトメル。（　）

3 ㊉確こよみで節分の日をタシカメル。（　）

4 ㊉易テストはヤサシイ問題から始める。（　）

5 ㊉過電車が目の前を通りスギル。（　）

(三) 次の漢字の部首と部首名を書きなさい。部首名は、後の□から選んで、記号で答えなさい。（10点）

		部首	部首名
〈例〉	林・村	木	ア
1	応・志		
2	独・犯		
3	巣・営		
4	原・厚		
5	故・政		

ア きへん
イ けものへん
ウ むし
エ ぼくづくり・のぶん
オ つかんむり
カ まだれ
キ はらいぼう・の
ク がんだれ
ケ こころ
コ くち

(四) 次の漢字の太い画のところは筆順の何画目か、また総画数は何画か、算用数字(1、2、3…)で答えなさい。（10点）

		何画目	総画数
〈例〉	投	5	7
1	迷		
2	制		
3	混		
4	講		
5	限		

㈤ 漢字を二字組み合わせたじゅく語では、二つの漢字の間に意味の上で、次のような関係があります。

> **ア** 反対やついになる意味の字を組み合わせたもの。（例…**上下**）
> **イ** 同じような意味の字を組み合わせたもの。（例…**森林**）
> **ウ** 上の字が下の字の意味を説明（修しょく）しているもの。（例…**漢字**）
> **エ** 下の字から上の字へ返って読むと意味がよくわかるもの。（例…**出題**）

次のじゅく語は、右の**ア**〜**エ**のどれに当たるか、**記号**で書きなさい。（20点）

1 居住（　　）
2 利害（　　）
3 最適（　　）
4 救助（　　）
5 護身（　　）
6 歴史（　　）
7 羊毛（　　）
8 造船（　　）
9 往復（　　）
10 増減（　　）

㈥ 次の**カタカナ**を**漢字**に直し、**一字だけ**書きなさい。（20点）

1 **シ**育係（　　）
2 国**サイ**化（　　）
3 無事**コ**（　　）
4 直**セツ**的（　　）
5 **キ**行文（　　）
6 指**ドウ**者（　　）
7 **ショク**員室（　　）
8 習**カン**化（　　）
9 **ドク**自性（　　）
10 真**ハン**人（　　）

㈦ 後の［　］の中のひらがなを**漢字**に直して、**対義語**（反対の意味やついになる言葉）と、**類義語**（意味が似ている言葉）を作りなさい。（20点）

対義語

1 害虫―（　　）虫
2 任命―（　　）任
3 生産―消（　　）
4 結果―原（　　）
5 形式―内（　　）

［いん・えき・かい・ひ・よう］

類義語

6 同意—(　　)同

7 中止—中(　　)

8 赤字—(　　)失

9 目前—(　　)前

10 関心—(　　)味

がん・きょう・さん・そん・だん

(八) 上の読みの漢字を□の中から一つずつ選び、(　)に当てはめて**じゅく語**を作りなさい。答えは**記号**で書きなさい。(12点)

カイ

理(1　　)

(2　　)晴

(3　　)良

ヒョウ

(4　　)価

目(5　　)

投(6　　)

ア 階	イ 表	ウ 改	エ 開
オ 兵	カ 評	キ 標	ク 快
ケ 票	コ 会	サ 解	シ 氷

(九) 漢字の読みには**音**と**訓**があります。次の**じゅく語の読み**は□の中のどの組み合わせになっていますか。**ア**～**エ**の**記号**で答えなさい。(20点)

ア 音と音	**イ** 音と訓
ウ 訓と訓	**エ** 訓と音

1 重箱《じゅうばこ》(　　)

2 音《ね》色《いろ》(　　)

3 絵《え》本《ほん》(　　)

4 綿《わた》毛《げ》(　　)

5 新《しん》芽《め》(　　)

6 湯《ゆ》気《げ》(　　)

7 残《ざん》高《だか》(　　)

8 火《ひ》種《だね》(　　)

9 店《みせ》番《ばん》(　　)

10 粉《こな》雪《ゆき》(　　)

(十) 次の——線の**カタカナ**を**漢字**に直しなさい。(18点)

1 はた**オ**りの音がする。(　　)

2 指**オ**り数える。(　　)

3 新**カン**線で東京へ行く。(　　)

4 今日は新聞が休**カン**だ。(　　)

5 実**タイ**を明らかにする。(　　)

6 手に包**タイ**をまく。(　　)

7 活動シ金を集める。

8 家計のシ出を計算する。

9 小学校時代の恩《おん》シ。

㈩ 次の――線のカタカナを漢字に直しなさい。（40点）

1 兄はカナダにエイジュウする。

2 公園に新しいベンチがモウけられた。

3 父は作曲家として高いヒョウカを得た。

4 体を水にナらしてからプールに入る。

5 姉が中学のセイフクを着る。

6 新人をサイヨウする。

7 運を天にマカせる。

8 ゾウは長い鼻を手のように使う。

9 今年は野菜のカカクが安定している。

10 次のカイソク電車に乗って行こう。

11 ソナえあればうれいなし

12 先生にヒキいられて工場見学に行く。

13 交通キソクを守って通学する。

14 大会がせまってムシャぶるいをする。

15 夜おそくまでセーターをアんでいた。

16 人のあやまちをセめるのはよくない。

17 ブンミャクから意味を考える。

18 先祖のハカ参りをする。

19 庭の池にうすい氷がハった。

20 事件から一週間がケイカした。

解答編

（×は、まちがえやすい例です）

1 漢字の読み 1

1 ぜっこう
2 あ
3 さいかい
4 めんか
5 ゆた
6 みちび
7 かんそく
8 けんさ
9 ひと

注意
「独り」は、「ひとりきり」「単独」という意味。

10 のうりつ
11 す
12 たいど
13 いきお
14 げんいん
15 こ

2 漢字の読み 2

1 みき
2 じゅんび
3 ちょきん
4 しりょう
5 はんそく
6 かぎ
7 はいふ
8 と
9 か
10 ざっそう
11 せっきん
12 わた
13 でんとう
14 れきし
15 べんとう

3 漢字の読み 3

1 さんせい
2 くら
3 ひょうか
4 えいぎょう
5 の
6 せ
7 せいせい
8 せいけつ
9 と

注意
「留める」は、意識を向けるという意味で使われる。

10 きょうみ
11 は
12 けんちく
13 あま
14 おさ
15 こうぞう

4 漢字の読み 4

1 ささ
2 えきたい
3 ようき
4 ひき
5 やさ
6 ゆうこう
7 ぶつぞう
8 しょうひ
9 さいがい
10 な
11 ゆそう
12 えだ
13 ほご
14 まか
15 こんせん

解答編

5 漢字の読み 5

1 こくさい
2 うつ
3 よぼう
4 も
5 せってい
6 い
7 じょうけい
8 りゅうがく
9 に
10 へんしゅう
11 ゆる
12 そな
13 しゅうり
14 たし
15 さんみ

6 漢字の読み 6

1 がんか
2 ゆめ
3 きげん
4 ま
5 やぶ
6 さか
7 そうり
8 そんとく
9 まいご ×まよいご
10 はかまい

注意 送りがながつかない場合は「ぼさん」と読む。

11 ひりょう
12 あつぎ
13 どうにゅう
14 えいせい
15 つみ

7 漢字の読み 7

1 こうしゃ
2 しょくぎょう
3 さくら
4 か
5 ぼうふう
6 かくじつ
7 よ
8 ぎゃくてん
9 ほけん
10 きず
11 きほん
12 もう
13 みがま
14 きゅうじょ
15 なさ

8 漢字の書き 1

1 災害
2 燃
3 利益
4 規則 ×規側・規測
5 示
6 禁止
7 営
8 有効
9 耕
10 破 ×敗
11 条件
12 幹
13 招待 ×昭待・招持
14 仮 ×借
15 原液

9 漢字の書き 2

1 粉
2 均等
3 保
4 税金
5 似
6 採集
7 芸術
8 増
9 雑草
10 枝
11 制限
12 型 ×形
13 評判
14 建築 ×健築
15 任

10 漢字の書き 3

1 予測 ×予則・予側
2 弁当
3 設
4 夢
5 横断
6 略図
7 減
8 国境
9 確
10 混雑
11 編
12 責任
13 近寄
14 墓 ×基
15 移動

11 漢字の書き 4

1 職員 ×識員・織員
2 広告
3 述
4 久
5 想像 ×想象・相像
6 構 ×講
7 通過
8 貧
9 応接
10 再現
11 易
12 資料
13 厚

注意
熱い＝物の温度。
暑い＝空気の温度。
厚い＝物の両面の幅《はば》が大きい。

14 伝統
15 仏

12 漢字の書き 5

1 所属
2 境
3 破損
4 招
5 基本
6 勢
7 銀河
8 築
9 指導 ×指道・指動
10 貸
11 夢中
12 責
13 限定
14 移
15 賞

13 漢字の書き 6

1 比
2 食堂
3 備
4 総意
5 限
6 肥料 ×肥量
7 豊
8 住居
9 布
10 往復 ×住復・往複
11 再
12 快晴
13 迷
14 演
15 国際

14 漢字の書き 7

1 原因
2 張
3 減少 ×減小
4 逆
5 率 ×卒
6 清潔
7 防
8 均等
9 慣
10 混

注意 混ぜる＝一つにとけ合うようにする。交ぜる＝別々のまま加えて一つにする。

11 武士
12 桜
13 内容
14 世紀
15 政治

15 漢字と送りがな 1

1 備える
2 設ける
3 寄せる
4 確かめる
5 喜び
6 易しい
7 比べる
8 険しい
9 勢い
10 構える
11 務める

注意 「務める」は、役目にあたるという意味。

12 絶える
13 破る
14 導く
15 過ぎる

16 漢字と送りがな 2

1 支える
2 豊かな
3 耕す
4 修める

注意 「修める」は、修得するという意味。

5 逆らう
6 示す
7 述べる
8 志す
9 営む
10 限る
11 快い
12 招く
13 増える
14 貧しい
15 迷う

17 部首・部首名 1

(1)

	部首	部首名
1	け	ス
2	く	コ
3	い	イ
4	せ	キ
5	う	オ
6	さ	カ
7	か	ケ

(2)

	部首	部首名
1	か	サ
2	さ	ク
3	あ	コ
4	け	セ
5	う	オ
6	く	ア
7	す	エ

注意　「市・布・帯・席・師・希」なども「巾」（はば）に属する。

18 部首・部首名 2

(1)

	部首	部首名
1	こ	ウ
2	く	カ
3	せ	キ
4	う	コ
5	け	エ
6	し	イ
7	き	ス

(2)

	部首	部首名
1	か	エ
2	せ	ア
3	さ	コ
4	あ	カ
5	け	ク
6	く	ケ
7	う	オ

注意　「阝」は、右につくと「おおざと」という。「部・郡」など。

19 筆順・画数 1

	何画目	総画数
1	2	5
2	10	12
3	4	6
4	1	8
5	6	8
6	2	8
7	3	11
8	9	11
9	13	14
10	11	18
11	12	14
12	1	11
13	5	9
14	5	8
15	1	7
16	4	11
17	10	13
18	13	15
19	10	12
20	2	7

注意　丨 丨 丬 丬 丬 状 状

20 筆順・画数 2

	何画目	総画数
1	5	7
2	8	13
3	7	14
4	6	8
5	8	14
6	11	15
7	5	16
8	10	12
9	6	7
10	3	11
11	12	12
12	3	12
13	6	14
14	13	14
15	2	5
16	8	10
17	3	11
18	6	11
19	4	10
20	12	12

注意　一 丆 丆 可 可

21 じゅく語の構成 1

1 イ　2 ウ　3 ア　4 イ　5 ウ　6 エ　7 エ　8 イ　9 ア　10 イ　11 エ　12 ウ　13 イ　14 ウ

15 ア　16 イ　17 ア　18 エ　19 ウ　20 ア

注意 「旧友」は、昔からの古い友人のこと。

22 じゅく語の構成 2

1 ウ　2 ア　3 イ　4 ウ　5 エ　6 ア　7 イ　8 ア　9 ウ　10 エ　11 ウ　12 イ　13 ア　14 エ　15 ウ　16 ア　17 ア　18 イ　19 ウ　20 エ

23 じゅく語の構成 3

1 ア　2 ウ　3 ウ　4 エ　5 イ　6 エ　7 イ　8 ア

注意 「悲《ひ》喜《き》交交《こもごも》」は、一人の人間が悲しみも喜びも味わうことをいう。

9 ウ　10 エ　11 イ　12 ア　13 ウ　14 エ　15 イ　16 ウ　17 ア　18 イ　19 ウ　20 ア

24 三字のじゅく語 1

1 航　2 綿　3 幹　4 財 ×材　5 像 ×象　6 益 ×易　7 過 ×加　8 罪　9 夢　10 故　11 招　12 責　13 逆　14 居　15 可

16 証 ×正　17 演　18 暴　19 殺　20 精　21 句　22 久　23 現 ×元　24 衛　25 非　26 件

注意 25 「非」は「そうでない」の意を表す語。「非常識・非公式」など。

25 三字のじゅく語 2

1 率　2 賛　3 職　4 情　5 眼　6 能　7 液　8 状 ×条　9 術　10 弁　11 素　12 似　13 均　14 飼　15 像

16 基　17 税　18 祖　19 舎　20 再　21 財　22 政　23 圧　24 輸　25 件　26 織

26 対義語・類義語 1

1 復　2 想　3 仮　4 賛　5 許　6 質　7 非　8 因　9 清　10 絶　11 周　12 準　13 任　14 示　15 夢

16 像　17 応　18 保　19 素　20 久

注意 6「精神」には「肉体」という対義語もある。10「希望」の対義語には「失望」もある。11「付近」の類義語には「近辺」もある。

27 対義語・類義語 2

1 過　2 減　3 費　4 卒　5 損　6 断　7 複 ×復　8 解　9 美　10 祖　11 造　12 勢　13 災　14 配　15 任　16 独　17 師　18 築　19 版　20 厚

28 対義語・類義語 3

1 述　2 得　3 容　4 応　5 独　6 解　7 質　8 液

注意 8「固体」の対義語には「気体」もある。

9 略　10 故　11 序　12 際　13 永　14 因　15 損　16 績 ×積　17 居　18 在　19 輸　20 眼

29 じゅく語作り 1

(1) 1 エ　2 ウ　3 ク　4 カ　5 シ　6 オ

(2) 1 サ　2 カ　3 ケ　4 ウ　5 コ　6 イ

(3) 1 キ　2 カ　3 ウ　4 ケ　5 ク　6 オ

30 じゅく語作り 2

(1) 1 イ　2 エ　3 コ　4 ア　5 サ　6 ケ

(2) 1 ケ　2 イ　3 シ　4 コ　5 ア　6 カ

(3) 1 シ　2 イ　3 コ　4 キ　5 ア　6 ケ

31 同じ読みの漢字 1

1 慣　2 刊　3 写　4 移

注意　「写す」は、文字や絵などを書き取ること。「移す」は、他の場所へ移動させること。

5 態　6 隊　7 災　8 妻　9 飼　10 買　11 豊　12 放　13 件　14 険　15 候　16 構（×講）　17 効

32 同じ読みの漢字 2

1 厚　2 熱（×暑）　3 易　4 益　5 寄　6 規　7 織（×識・職）　8 折　9 状　10 条　11 在　12 材　13 径　14 経　15 責　16 積　17 績

33 同じ読みの漢字 3

1 導　2 銅　3 鉱　4 康　5 努　6 務　7 賛 ×参　8 酸　9 演　10 園　11 絶　12 立　13 測 ×側　14 則　15 限　16 現　17 減

34 じゅく語の音と訓 1

1 ア　2 ウ　3 イ　4 イ　5 エ　6 ウ　7 ア　8 イ　9 ア　10 エ　11 ウ　12 ア　13 エ　14 ウ　15 エ　16 イ　17 エ　18 ア　19 イ　20 ア　21 ウ　22 ウ　23 エ　24 イ

35 じゅく語の音と訓 2

1 ア　2 イ　3 イ　4 ウ　5 ア　6 エ　7 エ　8 ウ　9 ア　10 エ　11 ア　12 イ　13 ア　14 エ　15 ウ　16 ア　17 エ　18 ア　19 ウ　20 ウ　21 イ　22 エ　23 ア　24 イ

36 漢字の読み 8

1 ひじょうしき　2 はか

> **注意** 「測る」は、長さや面積の場合に使う。時間は「計る」、重さは「量る」

3 けいひ　4 おんてい　5 ひたい　6 さんみゃく　7 ゆきど　8 ぎり　9 あんじ　10 つく　11 せっく　12 ふせ　13 た　14 じょれつ　15 かり

37 漢字の読み 9

1 おおがた
2 ぼうえき
3 こた
4 ぎょうせき
5 きんせい
6 さかい
7 けわ
8 ゆだん
9 いし
10 ふたた
11 そしき
12 ぬの
13 しょうひぜい
14 こ
15 しょうりゃく ×せいりゃく

38 漢字の読み 10

1 かんしょう
2 きゅうしき
3 たがや
4 じけん
5 あ
6 ふんまつ
7 ことわ
8 まね
9 ざいじゅう
10 あば
11 こうざん
12 まず
13 きそく
14 へ
15 おうじょう

注意 「往生」には「極楽《ごくらく》に生まれること」「死ぬこと」のほかに、「こまり果てる」という意味がある。

39 漢字の読み 11

1 ふじん
2 き
3 ようりょう
4 えんぎ
5 うんこう
6 ひま
7 こい
8 ほんかく
9 なが
10 とくい
11 こすう
12 つね
13 かせつ
14 どうぞう
15 こころよ

40 漢字の読み 12

1 せきにん
2 じゅつご
3 つま
4 つと
5 はんだん
6 てきおう

注意 「順応」は「じゅんのう」と読む。

7 こころざし
8 きんもつ ×きんぶつ
9 お
10 へ
11 しょうげん
12 いとな
13 えきちょう
14 ひさ
15 つうか

41 漢字の書き 8

1 食中毒
2 豊
3 夕刊
4 栄養士
5 修理
6 断
7 義務（×議務）
8 厚（×暑）
9 解
10 酸素
11 余
12 準備
13 飼
14 情報
15 衛星（×衛生）

42 漢字の書き 9

1 移
2 競技（×協技）
3 予防
4 絶
5 肥
6 感謝
7 適切
8 印象
9 現在
10 過
11 暴力
12 居間
13 営業
14 救急
15 支

43 漢字の書き 10

1 輸出（×輪出）
2 額
3 酸素
4 寄
5 序列
6 修
7 日程（×日定）
8 限
9 低気圧（×底気圧）
10 備
11 許
12 領土
13 綿（×線）
14 調査
15 編集

44 漢字の書き 11

1 肉眼
2 犯罪
3 幹
4 品質
5 設
6 講習（×構習）
7 提出
8 述
9 易
10 転居
11 持久（×特久・自久）
12 弁護士
13 任
14 芸能
15 留（×止）

45 漢字の書き 12

1 先祖
2 比
3 独立
4 図版
5 罪
6 留学
7 貸（×借）
8 宿舎
9 率（×卒）
10 確
11 鉱石
12 豊
13 精神
14 張
15 報道（×放道）

46 漢字と送りがな 3

1 燃える
2 暴れ
3 混ぜる
4 過ごし
5 任さ
6 解ける
7 率いる
8 告げる
9 責める
10 余す
11 保つ
12 囲む
13 覚まし
14 慣らす
15 情け

47 漢字と送りがな 4

1 連なる
2 許し
3 移る
4 再び
5 永く

> 注意 「永い」は時間がいつまでも続くような場合に使う。「永いねむり」など。

6 防ぐ
7 改める
8 久しく
9 散らかっ
10 照らす
11 果てる
12 減らす
13 留める
14 周り
15 試みる

48 部首・部首名 3

	(1) 1	2	3	4	5	6	7	(2) 1	2	3	4	5	6	7
部首	さ	う	く	せ	え	い	け	お	う	い	え	さ	か	せ
部首名	カ	ケ	オ	ア	ク	キ	エ	イ	キ	シ	ウ	ア	カ	ケ

49 部首・部首名 4

(1)

	部首	部首名
1	け	ス
2	か	コ
3	う	エ
4	さ	オ
5	く	ウ
6	あ	ケ
7	せ	イ

注意 「挙」は「手」（て）に属する。

(2)

	部首	部首名
1	け	エ
2	い	キ
3	さ	ス
4	す	コ
5	か	ア
6	え	カ
7	く	シ

注意 体に関係のある漢字につく「月」は、「にくづき」という。

50 筆順・画数 3

	何画目	総画数
1	4	5
2	2	12
3	3	9
4	5	12
5	2	5
6	3	7
7	5	15
8	3	10
9	4	10
10	10	14
11	6	12
12	4	9
13	11	12
14	8	11
15	9	12
16	11	13
17	3	8
18	4	9
19	4	10
20	5	8

注意 ノナ才右布

51 筆順・画数 4

	何画目	総画数
1	3	6
2	4	13
3	4	6
4	6	11
5	2	10
6	3	9
7	6	8
8	11	14
9	5	13
10	5	7
11	11	12
12	10	12
13	8	13
14	4	11
15	8	13
16	10	14
17	6	14
18	8	9
19	9	12
20	8	17

52 じゅく語の構成 4

1	ア
2	ウ
3	ウ
4	エ
5	イ
6	エ
7	ア
8	イ
9	ア
10	ウ
11	ウ
12	エ
13	イ
14	ア
15	ウ
16	エ
17	イ
18	イ
19	ウ
20	ア

注意 9「往来」は「行き来」の意味である。

53 じゅく語の構成 5

1 イ　2 エ　3 ウ　4 エ　5 ア　6 ウ　7 イ　8 イ　9 ア　10 イ　11 ウ　12 ア　13 エ　14 イ　15 エ　16 イ　17 ウ　18 ア　19 イ　20 エ

54 じゅく語の構成 6

1 ウ　2 エ　3 イ　4 イ　5 ア　6 エ　7 イ　8 ウ　9 ア　10 イ　11 エ　12 ウ　13 イ　14 エ　15 ウ　16 ウ　17 ア　18 エ　19 イ　20 ア

55 三字のじゅく語 3

1 減　2 容　3 能　4 仮　5 限　6 講　7 績　8 務　9 在　10 独　11 版　12 製　13 備　14 接　15 識　16 耕　17 団　18 鉱　19 士　20 貿

21 衣　22 統　23 個 ×固　24 適　25 堂　26 志

56 三字のじゅく語 4

1 則　2 梅　3 造（雑）　4 祖　5 眼　6 評　7 解　8 紀　9 義　10 技　11 防　12 導　13 際　14 準　15 報　16 採　17 許　18 刊　19 経　20 犯

21 護　22 額　23 属 ×族　24 接　25 提　26 燃

57 対義語・類義語 4

1 停　2 則　3 益　4 情　5 幹　6 復（×複）　7 費　8 遠　9 豊　10 職　11 願　12 断　13 導　14 経　15 良　16 接　17 改（×回）　18 資　19 達　20 賛

58 対義語・類義語 5

1 個（×固）　2 敗　3 終　4 解　5 損　6 過　7 現　8 制　9 熱　10 深　11 素　12 測　13 欠　14 手　15 術　16 絶　17 慣　18 耕　19 保　20 績（×積）

59 対義語・類義語 6

1 利　2 適　3 断　4 熱　5 非　6 支　7 敗　8 留（×流）　9 得　10 消　11 快　12 想　13 務　14 減　15 居　16 職　17 興　18 制　19 均　20 府

60 じゅく語作り 3

(1) 1 ク　2 コ　3 エ　4 キ　5 ウ　6 ケ

(2) 1 オ　2 コ　3 イ

注意　「生命ホケン」の「ホケン」は「保険」と書く。

4 ア　5 ケ　6 カ

(3) 1 サ　2 ク　3 ウ　4 カ　5 キ　6 ケ

61 じゅく語作り 4

(1) 1 ア　2 カ　3 ウ　4 エ　5 オ　6 シ

(2) 1 ウ　2 シ　3 サ　4 キ　5 ケ　6 コ

(3) 1 オ　2 コ　3 エ　4 カ　5 ウ　6 ア

---

62 同じ読みの漢字 4

1 貿　2 暴　3 境　4 競（×協）　5 貸　6 借　7 政　8 性　9 切　10 接　11 泳　12 衛　13 絶　14 立　15 県　16 件（×検）　17 検

---

63 同じ読みの漢字 5

1 支　2 志　3 飼　4 買　5 肥　6 比

注意 「比類のない」とは、「比べるもののない」という意味。

7 精　8 製　9 坂　10 逆　11 快　12 改　13 往　14 応　15 程　16 底（×低・庭）　17 停

---

64 同じ読みの漢字 6

1 慣　2 鳴　3 確　4 覚（×格）　5 統　6 湯　7 減　8 経　9 均　10 禁　11 証　12 招　13 眼　14 願　15 増　16 造　17 像（×象）

65 じゅく語の音と訓 3

1 エ

注意
「図（ズ）」は音読み。

2 ウ　3 エ　4 ア　5 イ
6 イ　7 ア　8 エ　9 ウ　10 イ
11 エ　12 ウ　13 ウ　14 エ　15 ア
16 イ　17 ウ　18 イ　19 エ　20 イ
21 ア　22 イ　23 ア　24 ウ

66 じゅく語の音と訓 4

1 ア　2 イ　3 イ　4 エ　5 ウ
6 ア　7 エ　8 ア　9 ウ　10 ウ
11 イ　12 エ　13 ウ　14 ア　15 エ
16 イ　17 ウ　18 ウ　19 ア　20 イ
21 エ　22 ウ　23 エ　24 イ

実力完成テスト 1

(一)

1 せいけつ　2 みちび　3 けわ

注意
「険しい」には、「きつい・とげとげしい」という意味もある。

4 あま　5 いきお
6 かんこう　7 ゆにゅうひん　8 いばしょ　9 がんか　10 こころよ
11 ぜっこう　12 きょうみ　13 くとうてん　14 ふたた　15 じょうぎ（×ていき）
16 と　17 ひたい　18 のうりつ　19 こころざ　20 な

(二)

1 豊かに　2 肥やし　3 増やし　4 殺す　5 設ける

(三)

	部首	部首名
1	貝	キ
2	カ	エ
3	宀	ク
4	尸	オ
5	行	イ

注意
「ぎょうがまえ（行）」と「ぎょうにんべん（彳）」のちがいに注意しよう。

(四)

	何画目	総画数
1	7	10
2	1	5
3	5	10
4	10	14
5	2	8

注意
版

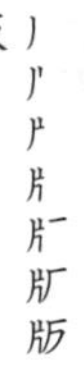

(五)
1 ウ　2 イ　3 ア　4 エ　5 ア
6 イ　7 エ　8 ウ　9 イ　10 ウ

(六)
1 統　2 減　3 程　4 毒　5 効
6 講（×構）　7 圧　8 復（×複）　9 銅　10 招

(七)
1 幹　2 提　3 想　4 解　5 工
6 比　7 技　8 職　9 母　10 素

(八)
1 ク　2 ケ　3 ウ　4 オ　5 シ
6 コ

(九)
1 ウ　2 ア　3 ウ　4 ウ　5 ア
6 イ　7 エ　8 エ　9 ア　10 エ

注意　6「肉（ニク）」、10「絵（エ）」は音読み。

(十)
1 敗　2 破　3 固　4 個

注意　「固」＝かためる かたまる 「個」＝ひとつ 一人 それぞれ という意味がある。

5 栄（×労）　6 営　7 防　8 貿　9 暴

(十)
1 原因
2 築
3 課税
4 眼鏡
5 態度
6 禁止
7 経
8 平均
9 貯金
10 観測（×観則・観側）
11 限
12 混（×交）
13 証明
14 順序
15 枝（×技）
16 保
17 程度（×定度）
18 逆立
19 格別
20 仏

実力完成テスト 2

(一)
1 きず
2 むちゅう
3 かわら
4 きじゅつ
5 たがや
6 かいしゅう
7 と
8 かま
9 しゅじゅつ
10 さかい
11 ぶんぷ
12 そしき
13 そな
14 しんぷ
15 ようりょう
16 おさ
17 しゅうい
18 おうらい
19 た
20 めんか

(二)
1 救う
2 務める
3 確かめる
4 易しい
5 過ぎる

(三)

	部首	部首名
1	心	ケ
2	犭	イ
3	⺍	オ
4	厂	ク
5	攵	エ

注意 「愛・感・悲・必・急」なども「心(こころ)」に属する。

注意 「がんだれ（厂）」と「まだれ（广）」のちがいに注意しよう。

(四)

	何画目	総画数
1	3	9
2	6	8
3	7	11
4	9	17
5	7	9

(五)
1 イ
2 ア
3 ウ
4 イ
5 エ
6 イ
7 ウ
8 エ
9 ア
10 ア

(六)
1 飼
2 際
3 故
4 接
5 紀（×記）
6 導
7 職（×識・織）
8 慣
9 独
10 犯

(七)
1 益 2 解 3 費 4 因 5 容 ×用 6 賛 7 断 8 損 9 眼 10 興

(八)
1 サ 2 ク 3 ウ 4 カ 5 キ 6 ケ

(九)
1 イ 2 ウ 3 ア 4 ウ 5 イ 6 エ 7 イ 8 ウ 9 エ 10 ウ

(十)
1 織 ×識 2 折 3 幹 4 刊 ×館 5 態 6 帯 7 資 8 支 9 師

(十一)
1 永住 2 設 3 評価 4 慣 5 制服 ×正服 6 採用 7 任 8 象 9 価格 10 快速 11 備 12 率 ×卒 13 規則 ×規側・規測 14 武者 15 編 16 責 17 文脈 18 墓 ×基 19 張 20 経過